JOACHIM TELGENBÜSCHER
Redaktionsleiter von GEO*EPOCHE*

Liebe Leserin, lieber Leser

Am 11. Juni 1988 versammelten sich im Londoner Wembley-Stadion rund 72 000 Menschen, um den anstehenden Geburtstag eines Phantoms zu feiern. 600 Millionen Zuschauer verfolgten das Ereignis – ein mehrstündiges Popkonzert – weltweit im Fernsehen. Den Jubilar hatte die Öffentlichkeit seit fast einem Vierteljahrhundert nicht mehr zu Gesicht bekommen und auch an diesem Frühsommertag war er nicht erschienen. Doch war es paradoxerweise gerade die lange Abwesenheit dieses Mannes, wie mein Kollege Jörg-Uwe Albig ab Seite 136 schreibt, die ihn damals allgegenwärtig machte. Sein Name: Nelson Mandela.

Für die südafrikanische Regierung war der berühmteste Kämpfer gegen die Apartheid ein Staatsfeind, den man seit 1962 gefangen hielt, für die britische Premierministerin Margaret Thatcher der Kopf einer „typischen terroristischen Organisation“ (eine Studentenorganisation ihrer Partei hatte sogar seine Hinrichtung gefordert). Für große Teile der Weltbevölkerung aber war Mandela längst ein lebender Mythos. So spielten an diesem Tag die prominentesten Bands ihrer Zeit, um ihn zu ehren – und musikalisch untermalt seine Freilassung zu fordern. Wer sich heute den Mitschnitt des Konzerts anhört, der nimmt in der Musik von Sting, George Michael oder Miriam Makeba womöglich schon den Klang des Wandels wahr. Sicher ist, dass die Tage des Regimes bereits damals gezählt waren. Kaum zwei Jahre später war Mandela frei, und wieder versammelte sich im Wembley-Stadion eine Menschenmenge, um ihn zu feiern. Mit einem Unterschied: Diesmal konnte er persönlich dabei sein.

Heute ist die Geschichte von Nelson Mandela für viele die zentrale Erzählung über Südafrika, und natürlich räumen wir ihr in diesem Heft viel Platz ein. Doch wir wollen das Land auch nicht auf die Jahre der Apartheid reduzieren, sondern schauen weit zurück, als in der Region die „Wiege der Menschheit“ stand und berichten über jene Zeiten, bevor die Europäer kamen. Vor allem aber stellen wir die spannende Frage, was nach dem vermeintlichen glücklichen Ende geschah, nach Mandelas Sieg. Der südafrikanische Historiker Sekibakiba Lekgoathi, der es vom Jungen aus dem Homeland zum Professor gebracht hat, hat sie uns beantwortet (Seite 154). So viel sei verraten: Ein Happy End hat es in Südafrika nicht gegeben. Ich wünsche Ihnen eine erkenntnisreiche Lektüre.

GANZ AFRIKA und seine Geschichte ist das Thema von GEO*EPOCHE* Heft Nr. 66

Herzlich, Ihr

Joachim Telgenbüscher

DER GEWALTLOSE
Gegen die Entrechtung Zehntausender Inder in Südafrika kämpft ein Anwalt. Sein bald großer Name: Gandhi. **SEITE 118**

DIE ZEIT DER APARTHEID
Im Jahr 1948 wird der Rassismus zur Staatsdoktrin: Systematisch trennt das Regime die Menschen nach Herkunft und Hautfarbe – und unterdrückt Schwarze rigoros. **SEITE 120**

VOM HÄFTLING ZUM STAATSCHEF
Einst verfolgt, gelangt der Freiheitskämpfer Nelson Mandela 1994 ins Präsidentenamt. **SEITE 136**

Nr. 121

Inhalt

Südafrika

♦ *Die mit diesem Symbol versehenen Beiträge sind links bebildert.*

Sie erreichen die GEO*EPOCHE*-Redaktion online auf Facebook, Twitter und Instagram oder unter *www.geo.de/epoche*

G E S P A L

TENES
LAND

Bald nachdem sich Europäer im 17. Jahrhundert im südlichen Afrika angesiedelt haben, beginnen sie, die Einheimischen zu unterdrücken. Viele Generationen später wird die Diskriminierung all jener, die nicht als »Weiße« gelten, zur offiziellen Staatsräson: Das Apartheid-Regime schafft ab 1948 ein vollumfassendes System der Trennung von Menschen nach Hautfarbe und Herkunft, geprägt von Unrecht, Ausbeutung, Gewalt. Doch in diesem eisernen Griff erwächst auch eine facettenreiche Gegenkultur – und eine Widerstandskraft, die schließlich den Weg ebnet für ein neues, gerechteres Südafrika

BILDTEXTE: *Jens-Rainer Berg, Insa Bethke, Anja Fries und Johannes Teschner*

WEISSE SIND in Südafrika in der Minderheit, und ihr Anteil an der Bevölkerung sinkt während der Apartheid-Zeit fortlaufend. So ist das rassistische Regime immer stärker auf Schwarze angewiesen – sogar als Ordnungshüter (Ausbilder mit angehenden Polizisten, 1978)

FAST 150 GESETZE und Verordnungen fixieren die Ungleichbehandlung von Menschen in Südafrika – vom Entzug der Grundrechte, etwa der Möglichkeit zu wählen, bis zu getrennten und schlechteren Abteilen für Schwarze in Eisenbahnzügen (Foto von 1963)

DIE GROTESKE Abschottung zwischen den Bevölkerungsgruppen – hier eine Bank nur für Weiße 1960 in Durban – wird zur Normalität, zum Alltag, mit dem Kinder groß werden.

GESTER UND HEUTE

Viele Schwarze stehen zwischen alten Traditionen und importierter westlicher Modernität. Wobei das Apartheid-Regime ihre vermeint lich urwüchsige Mentalität als rassistisches Argument nutzt – um sie von der Teilhabe an der gesellschaftlichen Entwicklung radikal auszuschließen

ZWEI JUGENDLICHE Angehörige der Xhosa, einer im Südosten des Landes ansässigen schwarzen Gemeinschaft, rasten neben einer Straße in Port Elizabeth (heute Gqeberha) – ihre Haut geweißt, in Vorbereitung eines althergebrachten Initiationsrituals, bei dem die jungen Männer beschnitten werden, ehe sie ins Erwachsenendasein eintreten

DIE NEUE HERRSCHERKLASSE

Die Buren sind Nachfahren der zumeist aus den Niederlanden stammenden ersten europäischen Siedler im südlichen Afrika. Lange Zeit fühlen sie sich von den Briten unterdrückt, die ab 1806 die Macht am Kap an sich reißen. Doch im 20. Jahrhundert übernehmen sie zusehends die politische Führung im Land – und viele entwickeln einen ausgeprägten burischen Nationalismus

DIE MEHRHEIT der »Afrikaners«, wie sich die Buren selbst nennen, stützt die Politik der Obrigkeit. Viele Weiße würden ihren Staat gar mit der Waffe verteidigen: Diese Frauen treffen sich regelmäßig in Johannesburg zu Schießübungen bei Kaffee und Sandwiches (1963)

EINE BERITTENE ESKORTE von Anhängern der »Nasionale Party« (»Nationale Partei«) bei einer Feier anlässlich ihres 50. Gründungstages im Oktober 1964 – 16 Jahre zuvor hatte die von Buren getragene Partei die Regierung übernommen und in der

IN ERNIEDRIGENDER Prozedur werden zukünftige Minenarbeiter in den 1960ern medizinisch inspiziert. Der Staat versagt schwarzen Südafrikanern so gut wie ede Möglichkeiten einer echten Bildung. So müssen sie, ungelernt, die härtesten Jobs in der Industrie annehmen

MIT DEM GLANZ der von ihnen geförderten Bodenschätze hat das Dasein dieser Bergarbeiter in der Goldmine von Carletonville 1978 nichts gemein. Untergebracht in Mehrbettzimmern, verrichten sie ihre Tätigkeit, wie fast alle Schwarzen im Land, zu einem Bruchteil der Einkommen von Weißen. Auch deshalb kommt es mehrfach zu Streiks

VERDAMMT ZUM ELEND

Die Ungleichheit, durch die Apartheid festgeschrieben und verstärkt, degradiert die schwarze Bevölkerungsmehrheit großteils zu einer Existenz in Armut und Chancenlosigkeit. Doch immer wieder regt sich unter den Ausgebeuteten auch Protest

DIVERSE GESETZE nötigen Schwarze dazu, nur in bestimmten Gegenden zu leben: in »Homelands« genannten Reservaten auf dem Land, sowie in »Townships« in den Städten. Zudem wachsen wilde Armensiedlungen, die – wie hier Crossroads bei Kapstadt im Jahr 1978 – oft nur aus Wellblechhütten bestehen

DER OBRIGKEIT

Die Befugnisse der südafrikanischen Polizei sind während der Apartheid nahezu grenzenlos. Die Beamten können Schwarze grundlos festnehmen, ohne Verfahren festhalten, foltern. Und der Presse ist es per Gesetz untersagt, darüber zu berichten

MIT EINER ZUM HIEB erhobenen Peitsche verfolgt ein Polizist 1985 in Johannesburg einen Demonstranten auf offener Straße. Seit den 1950er Jahren unterliegen alle Versammlungen schwarzer Südafrikaner scharfen Restriktionen und können jederzeit aufgelöst werden

EIN SCHWARZER Statist wird von einem weißen Polizisten zu Ausbildungszwecken abgetastet, während ein Hund auf das Kommando zum Zupacken wartet (Polizeischule in Pretoria, 1978)

IM DUNSTKREIS der Johannesburger Vorstadt Sophiatown, einem Zentrum schwarzer Kreativität, steigt Miriam Makeba, hier 1955, zur gefeierten Sängerin auf. Weil das Regime sie als Stimme afrikanischen Stolzes fürchtet, zwingt sie der Staat 1960 ins Exil. Mit Songs wie »Pata Pata« wird sie dort zum Weltstar – und mahnt immer wieder öffentlich gegen die Apartheid

Städten eine neue schwarze Kultur. Vor allem in den 1950er Jahren prägen Autoren und Musikerinnen, Journalisten und Modebewusste einen Lebensstil, in dem sich Zerstreuung und politisches Bewusstsein vermischen

AUS ELEMENTEN des amerikanischen Jazz und einheimischen Musiktraditionen erschaffen Südafrikaner eigene Klänge, zu denen, etwa hier 1960 in Durban, ausgelassen getanzt wird. Die Partys dienen dabei oft zugleich dem Austausch über die aktuelle gesellschaftliche Lage

PROPHET DER FREIHEIT

Nach 1980 gerät das international zunehmend isolierte Regime ins Taumeln. Zum Hoffnungsträger für eine gerechtere Zukunft der Unterdrückten des Landes wird Desmond Tutu: Der anglikanische Geistliche beschwört den gewaltlosen Kampf, wofür er 1984 den Friedensnobelpreis erhält – und gestaltet nach dem Fall der Apartheid 1994 das neue Südafrika maßgeblich mit

DESMOND TUTU bei einer Trauerfeier für ein von der Polizei getötetes schwarzes Schulmädchen, 1985. Nach dem Ende der Apartheid steht er der »Wahrheits- und Versöhnungskommission« vor, die die Verbrechen der Unrechtsära aufarbeitet ◊

Die Wiege der MENSCHHEIT

Lange Zeit gelten Europa oder Asien als Ursprungsregion der Gattung Homo. Doch Anfang des 20. Jahrhunderts belegen Knochenfunde, dass viele Vorfahren des *Homo sapiens* im südlichen Afrika lebten – in einer Region, in der der moderne Mensch danach schon früh eine erstaunliche kulturelle Vielfalt hervorbringt

TEXT: *Johannes Teschner*

Der kleine Schädel, den Raymond Dart im Herbst 1924 in Johannesburg in den Händen hält, ist eine Sensation. Dart hat ihn aus dem rund 400 Kilometer entfernten Ort Taung geschickt bekommen, wo ihn Steinbrucharbeiter im Geröll entdeckt hatten. Auf den ersten Blick mag das Fossil wirken wie der Schädel eines normalen Affen. Doch der Anatom Dart erkennt schnell, dass dieser nahezu unversehrte Fund das Wissen um die Entstehungsgeschichte des Menschen revolutionieren wird.

Anfang 1925 veröffentlicht der Australier seine Resultate: Der Schädel sei der eines Kindes einer bisher unbekannten Menschenaffenart, die vor etwa zwei Millionen Jahren lebte, weit näher als Gorilla oder Schimpanse mit dem Menschen verwandt ist – und vermutlich zu dessen direkten Vorgängern zählt. Dart nennt die neue Art *Australopithecus africanus*: afrikanischer Affe des Südens.

Sein Artikel im Fachmagazin „Nature" sendet Schockwellen durch die Reihen der Wissenschaftler. Viele Forscher wollen zunächst nicht glauben, was Dart darlegt, erschüttern seine Schlüsse doch das Bild vom Ursprung des Menschen: Dieser sei in Europa oder Asien zu verorten, davon waren die meisten Gelehrten bisher überzeugt. Doch mit der Entdeckung des „Kindes von Taung" scheint klar: Die Wiege der Menschheit liegt in Südafrika.

Spätere Knochenfunde bei Johannesburg, die dem *Australopithecus africanus* zugeordnet werden können, bestätigen Dart – und zeigen zudem, dass der Vormensch bereits aufrecht gehen und Werkzeuge nutzen konnte.

In den Jahrzehnten seither hat sich das Bild der Frühgeschichte weiter verfeinert; heute stehen mehrere plausible Theorien zur Herkunft der Homininen nebeneinander, kommen verschiedene afrikanische Regionen als Ausgangspunkt ihrer Ausbreitung infrage. Doch nach wie vor gilt: Das südliche Afrika spielt eine zentrale Rolle in der Evolution des Menschen. Das belegen etliche Fossilien ganz verschiedener Vor- und Frühmenschenarten, die Forschende seit Raymond Darts umwälzender Erkenntnis aus der südafrikanischen Erde gegraben haben.

Die zahlreichen Gebeine zeugen von einer frühen Vielfalt des menschlichen Lebens. Einer Dynamik, die Südafrika auch in späteren Zeiten prägt – mit bereichernden wie zerstörerischen Folgen.

Der moderne Mensch, *Homo sapiens*, lebt seit mindestens 120 000 Jahren in der Region, hinterlässt Werkzeuge aus Stein oder Knochen, zudem Ockerstücke oder Straußeneischalen, in die offenbar gezielt Muster eingeritzt wurden – vielleicht die frühesten bekannten Kunstwerke der Menschheitsgeschichte.

Im Laufe von Zehntausenden Jahren folgen vermutlich mehrere menschliche Populationen aufeinander. Als Südafrikas Ureinwohner gelten jedoch weithin die San. In kleinen, weit verstreuten Gruppen durchstreifen sie wohl

ETLICHE FELSBILDER in Südafrika sind Zehntausende Jahre alt. Für ihre Erschaffer besaßen viele davon wohl magische Kräfte

schon vor mehr als 20 000 Jahren Wälder und Savannen der Region, sammeln Wurzeln, jagen mit Waffen aus Holz, Stein und Knochen Wild. Und wahrscheinlich sind es San, die Höhlenwände und Felsüberhänge in Südafrika mit kunstvollen Tierdarstellungen und Jagdszenen bemalen. Die Felsbilder zeigen wohl oft magische Motive, vor denen sich Schamanen in Trance tanzen und in denen Antilopen für das Gute, Raubtiere für das Böse stehen.

Die San aber bleiben nicht allein. Etwa ab der Zeitenwende leben vor allem im Westen des heutigen Südafrika andere Bewohner: Die Khoikhoi (wörtlich „Menschen der Menschen", im Sinn von „die wahren Menschen"), wie sie sich in späterer Zeit selbst nennen, stammen möglicherweise von San-Gruppen im heutigen Botswana ab und sind von dort nach Süden gewandert. Sie ähneln den San im Aussehen, sprechen wie sie Sprachen mit charakteristischen Klicklauten, pflegen ähnliche Rituale. Im Gegensatz zu den San aber sind die Khoikhoi keine reinen Wildbeuter, sondern halten auch Vieh.

Weit stärker von San und Khoikhoi wiederum unterscheiden sich jene Menschen, die wohl ab dem 3. Jahrhundert n. Chr. von Norden nach Südafrika kommen, vor allem dessen östliche Hälfte besiedeln: Wie ihre heutigen Nachfahren sprechen sie vermutlich Idiome aus der Familie der Bantu-Sprachen, sind größer gewachsen als die bisherigen Südafrikaner, ihre Haut ist zumeist deutlich dunkler. Sie leben sesshaft, bauen in ihren Dörfern Getreide an, halten Vieh, fertigen Werkzeuge, Waffen und Schmuck aus Eisen und Kupfer, teils auch aus Gold.

Diese drei Gruppen – San, Khoikhoi und Bantu-Sprecher – sind es nun, die fortan für viele Jahrhunderte Südafrika bewohnen: Jene vielgestaltige Weltregion, die im Norden von den Flüssen Limpopo, Molopo und Oranje, im Westen vom Atlantischen und im Osten vom Indischen Ozean begrenzt wird. In der sich hinter den Küstenebenen weites Hochland erstreckt und schroffe Gebirgszüge die von Osten heranziehenden Regenwolken aufhalten, das Gebiet so in eine niederschlagsreiche und fruchtbare östliche und eine kargere westliche Zone teilen.

Besonders die ungleiche Verteilung der Regenfälle bestimmt die Lebensweise der Südafrikaner, erlaubt ihnen hier Ackerbau und ortsfeste Viehhaltung, beschränkt sie dort weitgehend auf ein Leben als Jäger und Sammler oder Hirtennomaden – und prägt darüber hinaus ihre Weltsicht. So bekämpfen viele Bantu-Siedler im kargen Hochland in Kühlritualen mit Wasser oder Asche die als böse geltende Hitze, beschwören baldigen Regen. Bantu-Gemeinschaften in ertragreichen Landstrichen richten ihre Zeremonien derweil eher gegen Einflüsse von außen, die ihre auskömmlichen Gemeinschaften bedrohen könnten.

San, Khoikhoi und Bantu-Sprecher treiben Handel miteinander, leben in manchen Gegenden eng zusammen, führen Beziehungen untereinander. Bantu-Gruppen kreuzen gezielt ihre Rinder mit denen der Khoikhoi. Nach und nach färben Gottesbilder und Spiritualität aufeinander ab. Man lernt voneinander, der Austausch macht jede Gruppe vielfältiger.

Doch auch die Konflikte zwischen den drei Gemeinschaften nehmen mit der Zeit zu. So stehlen San etwa immer öfter Vieh der Khoikhoi und Bantu-Sprecher; auch, weil deren Herden die von den San bejagten Wildtiere zurückdrängen. Vor allem Bantu-Gruppen vertreiben die San ihrerseits zunehmend in karge Gegenden.

So gibt es beides, die gegenseitige Befruchtung sowie das Ringen um Land und Ressourcen, ohne dass das Pendel dabei ganz klar in die eine oder andere Richtung ausschlägt. Das ändert sich erst, als eine vierte Gruppe sich ab dem 17. Jahrhundert dauerhaft an der Südspitze des afrikanischen Kontinents niederlässt: die Europäer.

Diese Neuankömmlinge werden sich nach und nach als Invasoren erweisen, die die Alteingesessenen unterwerfen. Nach ihrer Ankunft erscheint in den Felsbildern der San neben den Raubtieren bald ein weiteres Symbol für Bedrohliches: Männer mit Gewehren. ◊

um 1250

Mapungubwe

GOLD UND

Um das Jahr 1200 erblüht im äußersten Norden des heutigen Südafrikas das wohl erste große Reich der Region. Sein Zentrum ist ein steil aufragender Hügel, auf dem ein heiligengleich verehrter König wohnt: der Herrscher von Mapungubwe. Seine Stellung beruht auf interkontinentalen Handelsverbindungen – und spirituellen Kräften

MACHT

UNTERHALB des Hügels und in seinem Umland leben die Untertanen in strohgedeckten Rundhütten, bauen in der Ebene Getreide an, halten Vieh

G

TEXT: *Mathias Mesenhöller*
ILLUSTRATIONEN: *Timo Zett*

Geheimnisvoll ragt der Mapungubwe-Hügel mit seinen rötlich braunen, viele Meter hohen Steilwänden aus dem Land. Karg, auf schroffe Art erhaben erinnert er von fern an ein majestätisches, ruhendes Tier – als sollte schon seine Form darauf hinweisen, dass die Erhebung nahe dem Südufer des Flusses Limpopo im heutigen Dreiländereck zwischen Südafrika, Botswana und Simbabwe weit mehr ist als bloßer Fels.

Um das Jahr 1250 nämlich bildet er das Zentrum eines mächtigen Königreichs: des ersten großen und komplexen Staatswesens im südlichen Afrika, das uns heute bekannt ist – des später so genannten Reichs von Mapungubwe.

Auf der Ebene zu Füßen des schroffen Hügels stehen dicht an dicht ungezählte strohgedeckte Rundhütten, Hunderte mögen es sein, vielleicht Tausende. Das Hämmern von Schmieden ist zu hören, Pochen und Klopfen, wo Holz bearbeitet wird oder Korn zu Mehl zerstoßen, Rufen und Lachen, geschäftiges Schwatzen.

Vereinzelte Bauten heben sich aus der Masse hervor. Sie stehen weniger eng und leicht erhöht auf in den Hang gehauenen, mit Steinen befestigten Terrassen am Fuße des Hügels. Hier wohnen die Reichen und Vornehmen. Hier residiert vermutlich auch der oberste Richter, sorgt auf dem Platz vor seinem Haus für Recht und Ordnung.

Eine große Aufgabe. Allein der Ort Mapungubwe hat mindestens 5000 Einwohner. In dem dazugehörigen, wohl 30 000 Quadratkilometer umfassenden Umland siedelt noch einmal knapp die doppelte Anzahl Menschen. Sie züchten Vieh, bauen Getreide an, fertigen kunstvolle Keramiken, nutzen eiserne Waffen und Werkzeuge, treiben Handel. Manche sind zu Wohlstand gekommen, zu Ansehen und Macht, andere nicht.

Dafür, dass dieses frühe Staatswesen dennoch hält, trägt nicht zuletzt der Mann Verantwortung, der am Richtplatz wohnt und dort über die Streitigkeiten der Einwohner entscheidet.

Und doch ist er nicht ihr Herr. Sondern wohl lediglich ein Bruder und Statthalter des wahren Gebieters über das Reich. Eines Königs, der indes zu heilig ist, um unter seinen Untertanen zu wohnen. Vielmehr lebt er ihren Blicken entzogen, über sie erhaben, weit jenseits des gewöhnlichen Treibens. Erreichbar nur über wenige, schwer passierbare Zugänge, weilt der König von Mapungubwe mit seinem Hof nahe den höheren Mächten und Geistern der Ahnen: auf dem Hügel selbst.

Das Volk des geheimnisvollen Königs siedelt noch nicht lange am Mapungubwe-Hügel. Doch lebten bereits rund 12 000 Jahre zuvor Menschen in dem weiten Talbecken um die Mündung des Flusses Shashe in den Limpopo: Jäger und Sammlerinnen, die Historiker in Anlehnung an ihre bis heute lebenden mutmaßlichen Nachfahren San nennen und die wie die heutigen San vermutlich von kleinem Wuchs waren, goldbraune Haut hatten.

Sie folgten den Wanderungen der Tiere, dem jahreszeitlichen Wachsen der Wurzeln und Wildfrüchte. Gleichwohl kannten die San feste Orte, an die sie stets zurückkehrten. Schützende Bergüberhänge oder Höhlen etwa, die sie zuweilen mit Felsbildern verzierten: eine magische Kunst, so lässt sich vermuten, die es ihren Schamanen erleichtern sollte, jene Mächte und Naturgeister zu erreichen, die das Wohlergehen der Lebenden fördern oder mindern konnten.

Erst im 9. oder 10. Jahrhundert zogen Menschen von dunklerer Haut und höherem Wuchs, vor allem aber mit einer anderen Lebensweise dauerhaft in die Gegend: Ackerbauern und Viehhalter aus der Völkergruppe der Bantu-Sprecher. (Die Bantu-Sprachen, deren Ursprung wohl im heutigen Kamerun oder Nigeria liegt, breiten sich von dort über weite Teile des Kontinents südlich des Äquators aus.)

An den Limpopo lockte sie vermutlich weniger fruchtbares Land als die Lage am Handelsweg zur Küste des Indischen Ozeans. Denn dort gab es Anlegeplätze, an denen sich afrikanische Naturprodukte wie Elfenbein oder Raubkatzenfelle eintauschen ließen gegen die Kostbarkeiten Asiens: Baumwoll- und Seidenstoffe, Glas, chinesische Keramik. Zudem war die Gegend Elefantenland. In gewaltiger Menge zogen die Tiere hier umher, deren Stoßzähne das Elfenbein für den Handel lieferten.

Für ihren täglichen Bedarf legten die Neuankömmlinge Felder an und hielten Vieh. Ähnlich wie andernorts mögen sie manche der zuvor hier lebenden Gruppen verdrängt haben. Etliche San aber begannen bald, Erträge ihrer Jagd wie Felle und Häute bei den Siedlern und Händlern gegen Getreide zu tauschen. Das weite Land erlaubte sowohl Jägern und Sammlern als auch Siedlern, mal nebeneinander, mal miteinander ihr Auskommen zu finden.

Dazu trug wohl auch bei, dass sich die Bantu-Sprecher in spirituellen Dingen auf die San angewiesen fühlten. Denn für beide Gruppen bestand das Land aus mehr als Böden, Wasserläufen und Anhöhen. Sie sahen es bedeckt von einem Netz heiliger Orte. Stellen, an denen sich Kontakt mit Naturgeistern aufnehmen ließ und die insbesondere für Regenzeremonien geeignet waren, die ausreichenden, gleichmäßigen Niederschlag erwirken, Dürren abwenden sollten. Wo diese Orte lagen und wie mit den überirdischen Mächten zu verhandeln war, das mussten die ursprünglichen Bewohner des Landes am besten wissen.

Die heiligen Plätze befanden sich hier oft auf Hügelkuppen. Die Regenzeremonien selbst mögen Tänze und Gesänge vieler Teilnehmer umfasst haben, bei denen sich ein Schamane in Trance versetzte; vielleicht wurden sie aber auch von diesem allein und im Verborgenen vollzogen.

Stets aber blieb eine Kluft. Zwar waren sowohl die Wildnisbewohner als auch die Siedler mit der Natur und den

NASHÖRNER stehen für Kraft und Kampfgeist. Diese goldummantelte Holzfigur wurde einem hochrangigen Toten ins Grab gelegt, vermutlich einem König. Sie zeugt von der Macht und dem Reichtum Mapungubwes

übernatürlichen Mächten verbunden. Andererseits fühlten sich die Bantu-Sprecher vielerorts durch ihre sesshafte Lebensweise den umherziehenden San zivilisatorisch überlegen. Zumal, als ihre Gesellschaft im Laufe der Generationen immer reicher und mächtiger wurde.

Entscheidend für den Aufschwung um das Jahr 1000 ist wahrscheinlich eine Klimaveränderung. Es fällt mehr Niederschlag, der nicht nur den Boden tränkt, sondern jedes Jahr zur Regenzeit zwischen Oktober und April den Shashe anschwellen und den Limpopo über die Ufer treten lässt. So entsteht ein breiter, fruchtbarer Überschwemmungsstreifen, der lange und tief durchfeuchtet bleibt, ideal für den Ackerbau. Ihre Herden treiben die Siedler nun auf entferntere Weiden weit jenseits des Limpopo. Die so frei gewordenen Flächen können sie jetzt ebenfalls für den Ackerbau nutzen und damit höhere Ernten einholen.

Auch die Jagd auf Elefanten setzen sie fort – um die Felder vor den Giganten zu bewahren und um Elfenbein für den Fernhandel zu gewinnen. Gut möglich, dass die Menschen bestimmte Blätter und Borken nutzen, um die Wasserstellen der Tiere zu vergiften, sie zu betäuben (so ist es von Jägern weiter nördlich überliefert). Oder sie heben auf den Elefantenpfaden Fallgruben aus, rammen angespitzte Pfähle in deren Grund und decken sie mit Zweigwerk ab. In beiden Fällen können sie die Tiere ohne allzu große Gefahr mit eisenbesetzten Speeren töten.

Während die Landwirtschaft eine stetig wachsende Bevölkerung ernährt und es erlaubt, im Umland Rohstoffe wie Eisen oder Kupfer einzutauschen, verbindet das erjagte Elfenbein die Siedlungen von Anfang an mit einem globalen Markt für Luxusgüter. Mit einem Handelsnetz zwischen Südostasien, Indien, Arabien und Afrikas Ostküste, dessen Ausläufer sich bis nach China, Zentralasien und Europa erstrecken. Und das denjenigen, die daran teilhaben, enorme Gewinne verheißt.

Zwar ist der Limpopo nicht schiffbar, aber die Kaufleute nutzen sein Ufer als verlässliche Route zwischen der Küste und dem Binnenland. Ob ausschließlich Händler von der Küste den Fluss heraufziehen oder auch Männer aus dem Shashe-Limpopo-Becken stromabwärts wandern, ist unklar, gut möglich, dass dazwischen auch noch Mittelsleute tätig waren. Gewiss ist, dass dieser Austausch die Gemeinschaft der Bantu-Siedler von Grund auf verändert.

Bereits mit frühen Handelskontakten sind indische oder persische Perlen aus Buntglas in die Region gelangt, die bald zu einer Art Währung werden: Sie sind dauerhaft, leicht abzuzählen und als Prestigeobjekt weithin begehrt. Und sie lassen sich zu größeren, rollenförmigen Anhängern zusammenschmelzen – zu einer Art Riesengeldstück. Wer den Handel mit der Küste kontrolliert, kann massenhaft Glas anhäufen.

Eben danach strebt bald das Oberhaupt der Siedler an Shashe und Limpopo, der unterhalb eines Hügels residiert, des Bambandyanalo. Nach und nach gelingt es offenbar der Herrscherfamilie und einigen anderen, die bereits zuvor reich an Besitz und Einfluss sind, den größten Teil des Fernhandels an sich zu bringen. Und den Maßstab für Reichtum zu verändern.

Traditionell bemisst sich das Vermögen eines Mannes vor allem nach der Zahl seiner Rinder. Doch nun treten Glasperlen, aber auch andere Importwaren wie feine Stoffe, Kauri-Schnecken oder Keramik neben das Vieh.

Die Verschiebung hat weitreichende Folgen. Eine Viehherde nämlich lässt sich mit Geschick und Glück aus eigener Kraft aufbauen und vergrößern, und niemand kann einer tüchtigen Familie verwehren, auf diese Weise reich zu werden. Den Handel mit Fremden hingegen vermögen die Anführer weit effektiver zu kontrollieren. So entsteht im 11. und 12. Jahrhundert nach und nach eine abgeschlossene Oberschicht, deren Macht und Reichtum sich gegenseitig stützen und sie immer weiter abheben von den weniger besitzenden Leuten.

Wie die werdende Elite diese verschärfte Ungleichheit durchsetzt, ob sie Gewalt anwendet oder ihre Mitmenschen den Vorgang einfach hinnehmen, weiß heute niemand mehr. Doch gelingt es den Herrschenden wohl um 1200, die Verhältnisse noch einmal zuzuspitzen – und auf neue Weise zu untermauern.

Die Chiefs der Bantu-sprechenden Gruppen verfügten zuvor wohl nur über

DIESE AUF DEM HÜGEL gefundene Schmuckschüssel besteht aus Holz, eingeschlagen in fein gehämmertes Goldblech. Ihre Bestimmung ist nicht bekannt, mag aber zeremoniell gewesen sein, etwa bei einem Regenritual

begrenzte Macht, waren eher Erste unter Gleichen in einem Gefüge aus Familienchefs und Dorfvorständen, lebten und arbeiteten wie andere auch. Damit brechen die Herrscher von Bambandyanalo nun. Sie beanspruchen eine weitgehende Befehlsgewalt über die rund 1500 Einwohner sowie die weiter entfernten Dörfer und Gehöfte an Limpopo und Shashe, insgesamt wohl über 5000 Menschen. Mehr noch: Sie eignen sich die Ausübung des Regenrituals an. Statt es örtlichen Schamanen zu überlassen, vollziehen sie die Zeremonien vermehrt selbst und für das ganze Land.

Möglicherweise bietet eine Folge von Dürren den Anlass, die alten Regenmacher für unfähig zu erklären. Vielleicht gibt es Vorbilder außerhalb der Region. Fest steht, dass aus dem Oberhaupt nun ein sakraler, ein heiligengleicher König mit dem Monopol auf die wichtigste Zeremonie der Region wird. Dass irgendwann ein Erster unter Gleichen zum ersten wirklichen Herrscher wird. Und dass im frühen 13. Jahrhundert ein solcher König und seine Elite die neue Ordnung dramatisch in Szene setzen. Mit der Gründung von Mapungubwe.

Wie die Bewohner selbst den Ort nennen, ist nicht überliefert (auch die Namen Limpopo, Shashe und Bambandyanalo sind erst in viel späterer Zeit belegt). Der markante Hügel liegt einen knappen Kilometer von der alten Hauptsiedlung entfernt. Auf seinem rund 30 Meter hoch aufragenden, gut 300 Meter langen, bis zu 75 Meter breiten Plateau befindet sich einer jener heiligen Orte, die seit jeher den Regenritualen dienen. Am Fuß des Hügels stehen bereits Hütten von Bantu-sprachigen Siedlern. Die Bewohner werden verdrängt – oder eingegliedert in eine riesige Arbeiterarmee, die sich an dem Hügel einfindet.

In Körben, Eimern oder Säcken schleppen Hunderte, vielleicht Tausende Menschen mehr als 10 000 Tonnen Sand über steile Anstiege zum Plateau hinauf, um die unebene Steinfläche dort auszugleichen. Anschließend errichten sie auf der angeschütteten Ebene einen Sitz für ihren König.

Wann genau die Arbeiten starten, wann sie enden, in welcher Frist die Hüt-

KUPFER UND EISEN verarbeiten Mapungubwes Schmiede zu Schmuck, winden oft feine Streifen des Metalls um Fasern und formen daraus etwa Arm- und Fußreifen. Auch aus Gold fertigen sie solche Stücke – sowie kleine Perlen, die zu Tausenden in einem Grab gefunden werden

DIE MEISTEN Einwohner der Stadt und des Reiches leben in Hofgemeinschaften aus mehreren Hütten und Familien. Einen Teil ihrer Feldfrüchte geben sie als Tribut an den Herrscher auf dem Hügel ab

ten einer neuen Siedlung unterhalb des Königssitzes entstehen, bleibt Spekulation. Annähernd gesichert ist, wann der alte Ort am Bambandyanalo aufgegeben wird und seine Bewohner nach Mapungubwe ziehen: um das Jahr 1220.

Die Gründung dieser Residenz markiert zugleich die Entstehung des ersten bekannten staatsförmigen Reiches im südlichen Afrika. Eines Gebildes, dessen Gesellschaft schärfer in Klassen unterteilt ist, dessen Macht straffer gebündelt ist und weiter reicht als in allen Gemeinwesen zuvor.

Alles auf dem Mapungubwe-Hügel ist offenbar darauf ausgelegt, den erhabenen Herrscher vom niederen Volk zu trennen. Lediglich vier enge, aus Steinen und Holz gefügte, bewachte Treppen führen auf das Plateau. Die höchste Stelle oben ist dem Regenritual vorbehalten, das der König in der Regel persönlich durchführt. Die erforderlichen Geräte, insbesondere eine heilige Trommel, werden wohl auch dort gelagert; zudem ist Platz für einige Helfer oder Zuschauer.

Etwas tiefer liegt das von imposanten, aus Steinen geschichteten Mauern abgegrenzte Palastareal, das neben der königlichen Schlafhütte mutmaßlich einen großen Audienzraum und Bereiche für den ersten Sekretär sowie den Wahrsager des Herrschers umfasst.

Weiter das leicht abschüssige Plateau hinunter wohnen die Frauen des Königs. Dutzende mögen es sein, denn in der Zahl seiner Frauen spiegelt sich der Rang eines Mannes. Zugleich verbinden sie den Hof mit den Gemeinschaften, aus denen sie stammen. Etliche der Gemahlinnen leben zudem wohl nicht in der Residenz, sondern im Dorf eines untergeordneten Chiefs, vielleicht unter den Leuten ihrer Herkunft.

Auch ein Teil der Arbeit mit Metallen findet auf dem Plateau statt: Hier wird aus kupferhaltigen Erzen das schiere Metall gewonnen, wird flüssiges Kupfer – und vermutlich auch Gold – zur Weiterverarbeitung in Formen gegossen. Die Verwandlung von Steinen zu prestigeträchtigem Metall ist offenbar ebenfalls in rituelle Handlungen eingebunden, dem üblichen Handwerkstreiben in der Ebene enthoben.

Schließlich wohnen auf dem Plateau enge Verwandte des Königs, Vertreter besonders angesehener Familien sowie Krieger, die eine Art Leibgarde bilden. Und vielleicht auch einige der Xylofon- und Fingerharfenspieler, die stets um den König sein mögen: Schöne

ALS ZEPTER deuten Forscher diesen goldbelegten Stab. Die Macht der Könige ist weit größer als die der traditionellen Chiefs in der Region – über unbegrenzte Gewalt indes verfügen sie wohl nicht, müssen sich mit der Elite ihres Reichs abstimmen

TAUSCHMITTEL GOLD: Das Reich hat Zugriff auf wichtige Minen des edlen Metalls, das bald die beherrschende Rolle im Handel mit der Küste am Indischen Ozean spielt

Klänge solcher Musiker, so lässt das Beispiel verwandter Kulturen schließen, sollen seine Würde unterstreichen.

Das Wissen um sehr viel später lebende, möglicherweise aber ähnlich aufgebaute Gemeinschaften mag auch erahnen lassen, wie etwa bei zeremoniellen Anlässen dem Herrscher ein Herold voranschreitet, der außer den Ehrennamen und Verdiensten seines Herrn dessen kleinste Schritte und Handlungen ausruft: „Der König geht nach rechts! Er geht nach links!“ Ein beunruhigender Ruf wie „Der König hat geniest!“ wird binnen Minuten in die Ebene getragen und verbreitet.

Der Herr auf dem Hügel hat eine Position zwischen Erde und Himmel eingenommen, zwischen den Menschen und den jenseitigen Mächten. Weit über allen, die ihm dienen.

Viele Meter unterhalb wird aus diesem Anspruch konkrete Macht.

Im Kern ist Mapungubwe ein System aus Güterströmen. Täglich schaffen Träger Abgaben von Bauern, Jägern und Händlern über die Treppen hinauf zum Plateau: Korn, Fleisch, Häute, Elfenbein, Kupfer und andere Metalle. Ein erheblicher Teil dieser Waren fließt in den Handel mit der Küste – von wo im Gegenzug exotische Kostbarkeiten entlang des Limpopo zum Mapungubwe-Hügel gelangen.

Mit ausgewählten Geschenken und Ehrenzeichen, vor allem mit Glas und Tuchen, zeichnet der Herrscher örtliche Machthaber in seinem Reich aus, und stärkt damit ihre Autorität, ihre Loyalität – und somit seine eigene Position.

Vermutlich gibt es mehrere Ebenen der Verwaltung. Auf der untersten schlichten die Dorfoberhäupter alltägliche Streitereien, organisieren vielleicht auch den Königsdienst. Denn alle Untertanen sind wohl verpflichtet, neben ihren eigenen Äckern stets auch Tributfelder zu pflegen, deren Erträge den Hof und seine Diener ernähren.

Auf der nächsthöheren Ebene wachen Vorsteher über das Recht und die

EIN HERRSCHER vollzieht vor einem künstlichen Wasserbecken auf dem Hügelplateau ein Regenritual, beschwört baldigen Niederschlag. So suchen Mapungubwes Könige die Fruchtbarkeit des Landes zu sichern – und ihre Macht. Vielleicht ist es ein Klimaumschwung, der ihr Ansehen zerstört und das Reich zerbrechen lässt

Ordnung mehrerer Siedlungen; darüber mögen Hauptleute die Verantwortung für jeweils mehrere derartige Kreise tragen; schließlich untersteht eine kleine Zahl mächtiger Bezirks-Chiefs nur noch dem königsgleichen Herrscher selbst.

Eine reguläre Armee oder Polizeitruppe gibt es nicht. Wo die Mächtigen zur Gewalt greifen, setzen sie ihre persönlichen Gefolgsleute ein. Indem er mit den hochrangigen Anführern Rat hält, sie belohnt oder abstraft, regiert der König – gemäß seinem Status oft indirekt oder aus dem Verborgenen.

Am Fuß des Hügels aber ist sein wichtigster Vertreter, womöglich einer seiner Brüder, als Statthalter und oberster Richter von Mapungubwe ansässig. Vor dem Wohnbereich aus mehreren Hütten liegen von Steinmauern umgebene Diensträume wohl für Boten und Assistenten, zudem ein Bereich, wo die Beteiligten der Verfahren warten.

Auf dem zentralen Platz davor treffen sich die Männer des Ortes. Manche schnitzen Schmuck oder Messergriffe aus Elfenbein, fertigen Werkzeuge und Haushaltsgeräte aus Knochen oder bearbeiten Häute mit Schabern, um Leder herzustellen. Andere sitzen zusammen, trinken Bier aus Tonbechern, plaudern.

Frauen sind wohl nicht anwesend. Die Geschlechter arbeiten vermutlich getrennt, jedes hat seine klar umrissenen Rollen. Die Frauen tragen Wasser und Feuerholz heran, setzen, pflegen, ernten und mörsern das Getreide, töpfern, legen Strohdächer, kochen und versorgen die Kinder. Die Männer verwalten den Ertrag, sind beim Vieh, roden, jagen.

Getrennt schließlich ist auch der Tod. Einen gemeinsamen Friedhof gibt es nicht. Vielmehr werden die Menschen dort beerdigt, wo sie gelebt oder gewirkt haben: Die Frauen im Wirtschaftshof ihres Hauses; die Männer beim oder – zumindest die vornehmeren unter ihnen – im zentralen Rinderpferch; Kinder im Hof vor den Wohnhütten, in dem sie gespielt haben. Üblicherweise werden die Toten mit dem Kopf nach Westen gebettet, in Richtung des Sonnenuntergangs, wie zur Nacht. Denn der Tod gilt als Teil eines Kreislaufs, dem Schlaf nicht unähnlich.

MAPUNGUBWE UM 1250

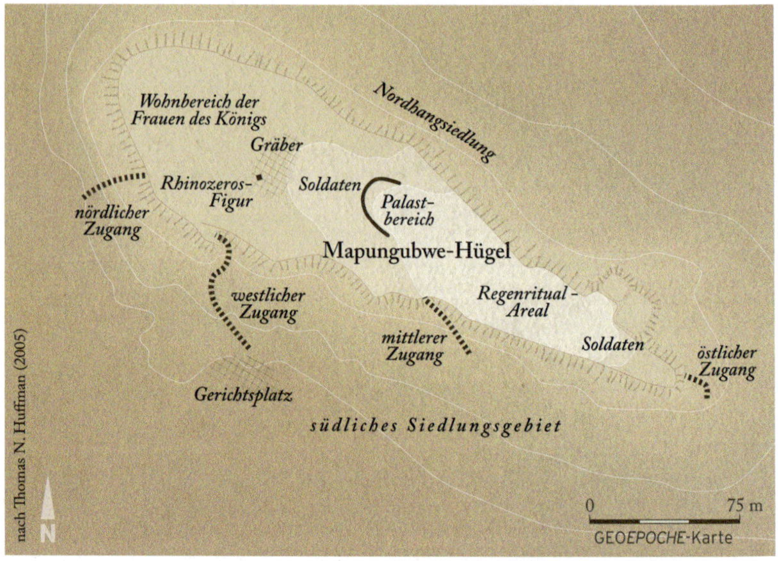

DIE KÖNIGSSIEDLUNG prangt auf dem Hügel. Unten liegen die Hütten der Untertanen, vor allem an den Hängen auch die Residenzen hoher Würdenträger und deren Wirkungsstätten wie der zentrale Gerichtsplatz. Kurz vor 1300 wird die gesamte Anlage aufgegeben

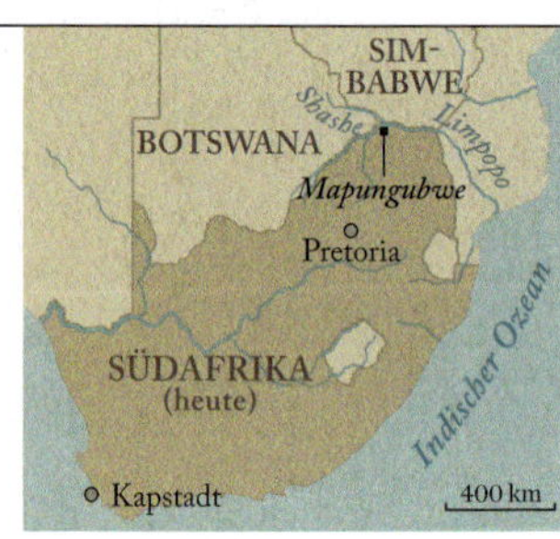

Die Häuser können je nach Stand und Vermögen des Besitzers unterschiedlich groß sein, sind aber durchgängig rund und aus ähnlichen Materialien gefertigt. Ihre Strohdächer ruhen auf Holzpfosten, die Wände sind in einer Art Zement aus Lehm, Kuhdung und zerstoßenen Termitenhügeln ausgeführt, der Hitze und Kälte mildert. Über die Fußböden streuen die Bewohner Kies oder befestigen sie mit Ton.

Einige der gehobenen Bauten verfügen über eine Veranda, in größeren Anwesen dienen manche Hütten speziell als Küchen, andere allein zum Schlafen. Ebenfalls ein Zeichen von Wohlstand und vornehmem Rang sind Grundstücksmauern aus geschichteten Steinen oder eine Lage am Berghang.

Viele Untertanen freilich wohnen nicht am Mapungubwe-Hügel, sondern in den Gehöften und Dörfern der Flussniederungen. Hier bauen sie Hirse an, Bohnen, Kürbisse, auch Baumwolle, deren Samenhaare sie verspinnen und zu Tuchen verweben.

In der Nähe der Siedlungen lassen sich mehr und mehr auch San-Gruppen nieder, lagern dauerhaft in Höhlen, unter Felsdächern. Sie arbeiten für die Bauern, tauschen Jagdbeute gegen Getreide und Geräte – oder richten örtliche Regenzeremonien und andere magische Rituale aus: Das spirituelle Monopol des Königs lässt sich im Alltag nie vollständig durchsetzen. Manche San schließen sich ganz den Siedlern an; andere hingegen meiden die Nähe der Sesshaften und behalten ihre Lebensweise bei.

Unterdessen beginnt der Hunger nach Gold die Nachfrage nach Elfenbein unter den Kaufleuten an der Küste zu überflügeln. Auch die Machthaber am Limpopo stellen sich darauf ein, haben wohl längst Zugriff auf Goldminen weiter nördlich.

Und mit der Zeit wird das glänzende Edelmetall auch in Mapungubwe zum Statussymbol, dessen Wert den von Glasperlen und Vieh weit übertrifft. Davon künden kunstvolle Beigaben in den Elite-Gräbern auf dem Hügel. Eine hölzerne, mit Goldblech ummantelte Nashornfigur etwa begleitet hier einen hochrangigen Toten ins Jenseits. Ähnlich ein goldverkleideter Stab, vielleicht ein Zepter. Weitere Tierfiguren, goldene Arm- und Fußreifen, eine goldene Schüssel. Und Tausende, ja Zehntausende Perlen aus Gold sowie noch mehr aus Glas. Die Gräber künden von der Blütezeit der Mapungubwe-Zivilisation um 1250.

D

Dann aber geschieht etwas Eigenartiges: Keine zwei Generationen später geben die Bewohner Mapungupwe auf. Kurz vor der Wende zum 14. Jahrhundert verlassen vermutlich binnen weniger Jahre die Mächtigen den Hügel, die Handwerker ihre Werkstätten, die Bauern ihre Felder. Aus dem blühenden Ort wird eine Geistersiedlung.

Die Gründe sind umstritten. Möglicherweise lässt eine erneute Klimaänderung die Gegend zu kalt und zu trocken werden für die Landwirtschaft. Oder die Gesellschaft zerbricht an ihrer Ungleichheit, an einer Revolte oder Abwanderung der Untertanen. Möglich auch, dass beides eingetreten ist, indem zunächst ungünstige Witterung und schlechte Ernten die Legitimität des Königs untergraben, dessen Aufgabe es ja ist, durch magische Rituale die Fruchtbarkeit der Natur zu sichern – woraufhin die Untertanen sich abwenden.

Neuere Forschungen zeichnen noch ein weiteres Szenario. Diese dritte Erklärung betont jenen Faktor, der auch am Anfang von Mapungubwes Größe gestanden hat: den Handel. Just zur Blütezeit des Reichs nämlich nutzen arabische Kaufleute vermehrt eine Route von der Küste zu den Goldminen nördlich des Limpopo, die über den Fluss Sambesi führt: weit an Mapungubwe vorbei. Mit der Kontrolle über den Goldhandel aber gehen dem König auf dem Hügel die Mittel verloren, das Reich zu erhalten. So mögen etwa nun unbezahlte Verbündete oder Vasallen jenseits des Limpopo seinen Rinderherden das Weiderecht verwehren – und die Landwirtschaft auf diesem Weg einbrechen lassen.

Vermutlich greift ein Bündel von Gründen ineinander. Zumal ein weiteres Rätsel bleibt: Mit den Siedlern wandern auch die San aus dem Limpopo-Becken ab. Vielleicht haben sie sich so sehr an den Austausch gewöhnt, dass sie sich allein nicht mehr zu halten vermögen. Oder es gibt doch einen Wandel der natürlichen Bedingungen, der selbst Wildbeutern das Bleiben unmöglich macht. In jedem Fall: ein klangloses Ende.

Jahrhunderte später jedoch folgt ihm ein gewaltiger Nachhall. Um die Jahreswende auf 1933 findet eine Gruppe von Hobby-Archäologen auf dem Mapungubwe-Hügel die goldene Hülle der Rhinozeros-Figur. Folgende systematische Untersuchungen fördern schließlich die Spuren einer alten, komplexen Zivilisation zutage.

Zu einer Zeit, in der herrschende Geschichtsbilder von kolonialer Überheblichkeit geprägt sind, stellen die Funde eine Sensation dar. Bezeugen sie doch, dass Schwarze in Südafrika bereits im 13. Jahrhundert einen Staat schaffen und führen konnten. Mapungubwe wird so zu einem Symbol, einem Argument im Kampf der unterdrückten schwarzen Südafrikaner um Respekt, Bürgerrechte, Mitbestimmung.

Heute, lange nach ihrem Sieg, verleiht die Republik Südafrika verdienten Bürgern als Auszeichnung den Mapungubwe-Orden. Und das goldene Nashorn, dessen Abbild die Auszeichnung ziert, ist zu einem nationalen Wahrzeichen geworden. Zur Ikone einer stolzen Vergangenheit. ◊

LITERATURTIPPS

THOMAS N. HUFFMAN
»Mapungubwe – Ancient African Civilisation on the Limpopo«
Kompakter, reich illustrierter Überblick (Wits UP).

ALEX SCHOEMAN U.A. (HG.)
»Mapungubwe Reconsidered – A Living Legacy«
Der Stand der Forschung (MISTRA).

IN KÜRZE

Im 9. oder 10. Jahrhundert lassen sich Siedler am Zusammenfluss von Limpopo und Shashe nieder. Sie verdrängen manche der hier lebenden Wildbeuter, arrangieren sich mit anderen. Vor allem der Handel mit Elfenbein und Gold macht das Gemeinwesen der Zuwanderer reich, lässt eine Oberschicht entstehen, schließlich ein mächtiges Königtum. Um 1300 aber bricht dieses Reich binnen weniger Jahre zusammen.

HERR DER LEGENDEN

TSHAWE gilt als Begründer einer Dynastie, die lange das politische Gefüge ganz im Süden Afrikas prägt – und zu der später auch Sandile (rechts) gehört, hier mit einem Unterherrscher (Gemälde eines britisch-südafrikanischen Künstlers aus dem 19. Jh.)

Sein Charisma ist groß, sein Mut und seine Kampfkunst beeindrucken, seine Überzeugungskraft bewegt die Zeitgenossen. Im 16. Jahrhundert vereint ein Mann mehrere Gruppen zu einer bedeutenden Macht in Südafrika. So zumindest erzählen sich die Menschen die Geschichte von Tshawe – dem König der Xhosa

TEXT: *Mathias Mesenhöller*

D

Diese Geschichte handelt von einer Legende. Von einer Begebenheit, die wahr ist – aber nicht so, wie ein Protokoll oder ein Foto die Wirklichkeit wiedergeben. Eher in der Art, wie eine Sage einen Kern Wahrheit enthalt. Oder wie auch eine verschwommene Erinnerung an einen Menschen ihn mitunter treffend zu charakterisieren vermag. Die Legende berichtet von dem verstoßenen Sohn eines Chiefs, der seinem Bruder die Herrschaft entreißt, weitere Gemeinschaften unter sich vereint und so eine mächtige Dynastie begründet. Es ist die von Tshawe, dem König der Xhosa.

Wie große Teile der afrikanischen Geschichte sind Tshawes Taten lange ausschließlich mündlich überliefert worden, ohne feste Jahreszahlen, ohne klare Ortsangaben, zudem in abweichenden Versionen. Und doch lässt sich aus der Erzählung ein Geschehen rekonstruieren. Erlaubt sie einen Blick in die Welt im Süden Afrikas vor der Kolonisierung durch die Europäer. In die Frühzeit einer Nation.

Niemand weiß, wann genau Tshawe gelebt hat, vermutlich aber im 16. Jahrhundert europäischer Zählung. Zu der Zeit liegt das Siedlungsgebiet der Xhosa zwischen dem Indischen Ozean und den Höhenzügen im Inneren des heutigen Südafrikas. Sie sind eine von mehreren Gruppen in der Region, die Vieh halten und Ackerbau betreiben, ähnliche Sprachen sprechen; aus jenen, die weiter im

Norden leben, werden dereinst Zulu und Swazi hervorgehen. Was die Xhosa von diesen Gemeinschaften unterscheidet, ist wahrscheinlich, dass sie sich als Nachfahren desselben mythischen Ahnherrn betrachten, dessen Namen stolz tragen, eben: Xhosa.

Möglich aber, dass es diesen Stammvater nie gegeben hat. Vielmehr könnte „Xhosa" eine Fremdbezeichnung sein, die so viel bedeutet wie „wütende Männer": Die Xhosa sind einigen ihrer Nachbarn offenbar als besonders kriegerisch erschienen. Im Lauf der Zeit haben sie den Namen übernommen, seinen Ursprung vergessen und ihn auf die Ahnherrn-Sage umgemünzt.

Das Land, in dem sie siedeln, ist vielgestaltig und fruchtbar. Von den Bergen her durchziehen es zahlreiche Flüsse zum Meer hin. Die Menschen bauen ihre Siedlungen gern an den sanften Hängen der Hügel dazwischen, wo sie geschützt sind vor Wind und Hochwasser.

Meist steht rund ein Dutzend grasgedeckter Hütten halbkreisförmig um das gemeinschaftliche Viehgehege. Milch und Fleisch der Tiere ernähren die Menschen, ihre Häute kleiden sie, die Rinder dienen zudem als Tauschmittel und Brautgabe. Außerdem halten die Xhosa Ziegen und Schafe. Sie bauen Bohnen an, Kürbisse, Melonen, vor allem Hirse und Sorghum, deren Körner sie zu Mehl mahlen und backen – oder auch in Tonkrügen zu einer Art Bier vergären.

Die Xhosa haben anerkannte Anführer, und manche herrschen entlang ganzer Wasserläufe, ihnen unterstellte Chiefs in Seitentälern und an Zuflüssen. Da es üblich ist, Partner aus anderen Dörfern zu heiraten, und wohlhabende Männer mitunter mehrere Frauen verschiedener Herkunft haben, unterstehen einem Oberhaupt Leute aus unterschiedlichen Sippen und Clans. So ergibt sich ein komplexes Netz von Beziehungen und Loyalitäten. Und oft entscheidet letztlich die persönliche Ausstrahlung eines Anführers, wer ihn im Streitfall unterstützt. Ein solcher Mann von großem Charisma ist Tshawe.

D

Die Legende berichtet, dass er nicht bei seinem Vater heranwächst, einem bedeutenden Chief, sondern im Dorf seiner Mutter. Vielleicht als Flüchtling: Manche Gemeinschaften töten in Kriegszeiten die Söhne ihres Oberhaupts bis auf einen ausgewählten Nachfolger, um die Gefahr innerer Machtkämpfe zu mindern. So könnte die Mutter den jungen Tshawe als Kind in Sicherheit gebracht haben – zumal sie nicht die Hauptfrau ist.

Der Überlieferung zufolge ist der Heranwachsende beliebt, gilt als mutig. Zur Volljährigkeit stellt ihm sein Dorf etliche Gefolgsleute zur Seite. Mit ihnen macht er sich kurz darauf auf den Weg, angeblich um seinen Vater zu besuchen. Aber vermutlich weiß Tshawe da schon, dass der bereits verstorben ist und sein Halbbruder Cira inzwischen das Erbe angetreten hat.

Eine Reise in jenen Tagen ist gefährlich, führt durch dichten Busch und übermannshohes Gras, über tückische Ströme, vorbei an Elefanten- und Büffelherden. Vermutlich wappnet sich Tshawe, indem er sorgsam seine Packochsen mit Speeren und Lebensmitteln belädt, mit Kräutern, die Wunden schließen, gegen

Schlangen- und Spinnenbisse wirken, ihn giftiges Essen erbrechen lassen. Er wird wissen, welcher Vogel den Weg zu einem Bienenstock voller Honig weist, überzeugt sein, dass der Hammerkopf- und der Nashornvogel Unglück verheißen und die Wunderkraft des Bleiwurzes Blitzeinschläge fernhält.

Wie er wandern viele durchs Land, suchen ihren Anführer auf oder einen Wahrsager, werben eine Braut oder machen Geschäfte, tauschen etwa Vieh gegen Kupfer, Schmuckperlen oder Eisen und hoffen auf Gewinne aus einem Weitertausch andernorts. Die Xhosa sind ein umtriebiges Volk.

Tshawes Ehrgeiz aber ist besonders groß – und seine Reise vermutlich von Anfang an ein verdeckter Kriegszug gegen seinen Bruder Cira. Auf dem Weg sammelt er der Überlieferung nach „gebrochene Männer" – wohl Einzelne oder Familien, die sich von ihren Führern oder Gemeinschaften getrennt haben. Entwurzelte, Abenteurer, Rebellen? Das bleibt unklar. Auch, wie viele es sein mögen. Fest steht, dass sein Anhang wächst.

Als er schließlich bei Cira ankommt, erkennt Tshawe wohl zum Schein dessen Herrschaft an und fügt sich mit seinen Leuten darunter ein. Dann jedoch, so die Legende weiter, gehen die Brüder gemeinsam auf die Jagd; Tshawe erlegt einen Blaubock. Wie es sein Recht als Chief ist, verlangt Cira einen Teil des Fleisches. Das Tier sei zu klein, erwidert Tshawe. Es habe bereits Hörner, gibt Cira zurück, sei ausgewachsen. Indem Tshawe sich weiter weigert, von seiner Beute Tribut zu geben, trotzt er dem Bruder – ein Affront.

Cira seinerseits beharrt stur auf seinem Recht, obwohl dann Tshawe den übrigen an der Jagd beteiligten Männern weniger abgeben könnte. Damit zeigt der Anführer sich gierig statt großzügig. Nach Xhosa-Maßstäben: als ein schlechter

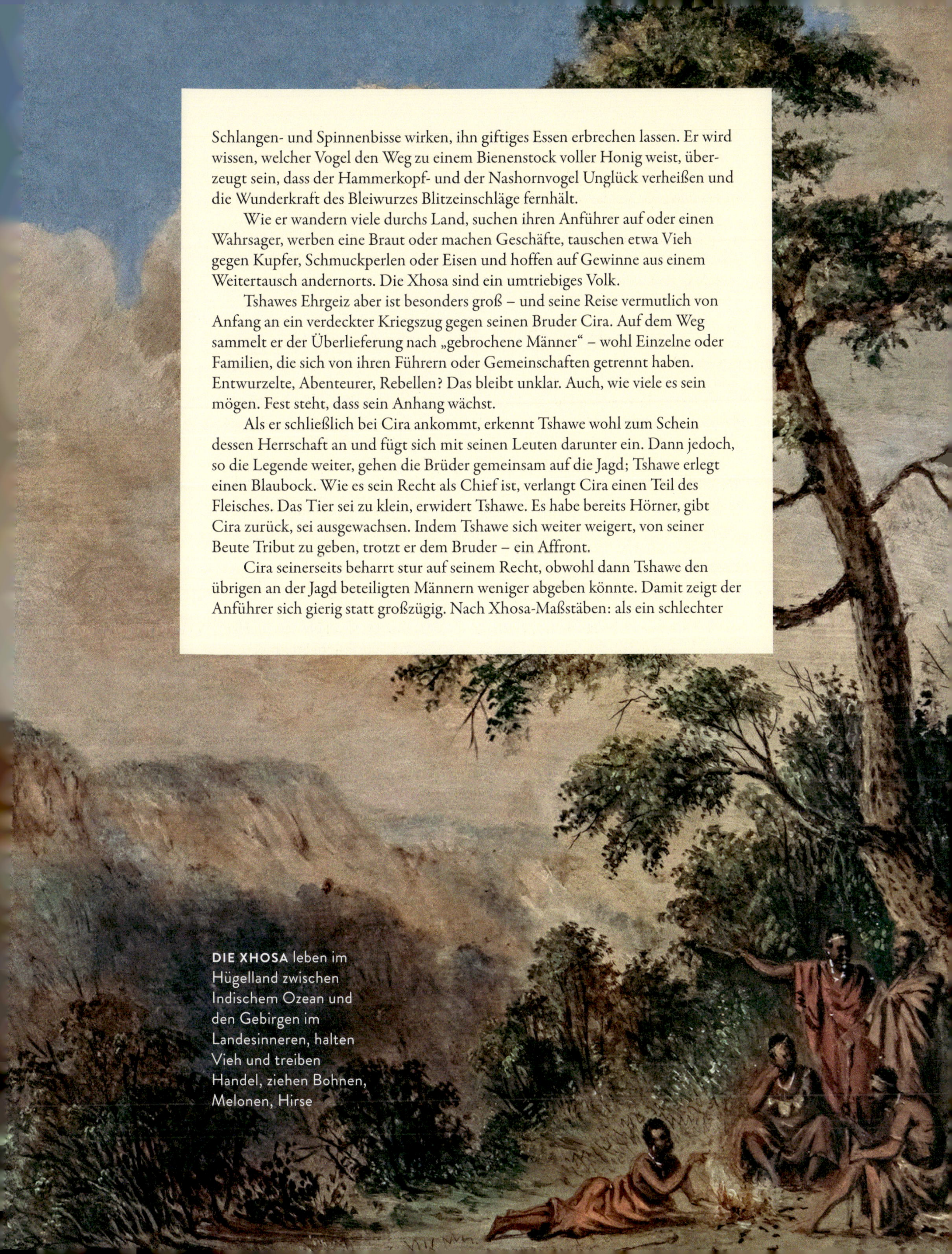

DIE XHOSA leben im Hügelland zwischen Indischem Ozean und den Gebirgen im Landesinneren, halten Vieh und treiben Handel, ziehen Bohnen, Melonen, Hirse

Anführer, der mehr an seine Macht denkt als an das Wohlergehen aller. Damit unterscheidet er sich von dem rebellierenden Bruder, der bereits gezeigt hat, dass er Menschen an sich zu binden versteht, selbst Fremde. Kurz: Die Legende stellt Tshawe als politisch wie moralisch überlegen dar.

Demnach verlässt Cira wutentbrannt den Ort des Streits. Beide Männer kehren in ihre Lager zurück, rufen ihre Kämpfer zusammen, marschieren los und treffen auf einem ungenannten Feld aufeinander.

Vermutlich verdichtet die Erzählung einen länger währenden Machtkampf zu der nun folgenden Schlacht – bietet dabei aber wenig Konkretes über das Ausmaß des Ringens. So mögen es vielleicht Hunderte Männer auf beiden Seiten sein, vielleicht auch viel weniger.

Annehmen darf man, dass die Gegner ähnlich gerüstet sind, manche womöglich Speere in den Händen halten, die mit Eisenspitzen besetzt sind, die meisten aber wohl bloße Holzstangen, vorn angespitzt und im Feuer ausgehärtet – wodurch etwa Niesbaumholz fast ebenso durchschlagskräftig wird wie Eisen. Zur Abwehr gegnerischer Stöße tragen die Kämpfer Schilde aus Tierhaut.

Tshawe gilt seit seinem Kampftraining in der Jugend als tüchtiger Krieger. Doch Ciras Männer sind laut der Legende in der Überzahl, gewinnen mehr und mehr die Oberhand. Da gelingt es Tshawe, Boten an benachbarte Anführer zu senden, von diesen Hilfe zu erlangen. Frische Kämpfer in großer Zahl erreichen das Feld, greifen ein und schlagen Ciras Männer zurück. Tshawe erringt einen überwältigenden Triumph.

XHOSA-KRIEGER queren einen Fluss am Grunde einer tiefen Schlucht. Tshawe erringt seine Herrschaft im Kampf gegen den eigenen Bruder. Gewaltsam, aber auch durch Diplomatie, verleibt sich seine Gemeinschaft anschließend immer weitere Gruppen ein

Cira überlebt, muss aber mit seinen Gefolgsleuten den Sieger als neuen Herrscher anerkennen und wird dessen Untertan. Indes unterstellen sich auch zahlreiche der Verbündeten, die Tshawe gerettet haben, nun seiner Oberhoheit. Offenkundig hat der Sieg ihm große Autorität verliehen, seine Ausstrahlung, die Männer in sein Lager zieht, noch verstärkt. Nun macht er sich daran, weitere Gruppen für sich zu gewinnen – oder mit Gewalt zu unterwerfen. Indem Tshawe dergestalt die Xhosa eint, wird er ihr Herrscher, der Gründer einer Dynastie. Und zum Symbol einer wachsenden Nation.

Denn die Legende von Tshawe steht für eine historische Entwicklung, die wohl im 16. Jahrhundert einsetzt und ganz unterschiedliche Menschen in die Xhosa-Gemeinschaft aufnimmt: Jede und jeder, der die Hoheit der neuen, nach Tshawe benannten Dynastie anerkennt, wird nun ein Xhosa, unabhängig von Herkunft, Sprache oder äußeren Merkmalen. So wächst ein Gemeinwesen heran, das womöglich größer ist als alle anderen dieser Zeit in Südafrika.

Z

Zu denjenigen, die die Xhosa mit Gewalt in ihren Verband zwingen, zählen bald immer mehr Khoisan – Einwohner des Landes, deren Vorfahren großenteils schon hier siedelten, lange bevor die Ahnen der Xhosa, Zulu und anderer Gruppen im Lauf des 1. Jahrtausends n. Chr. von Norden her zuwanderten. „Khoisan" ist ein Kunstbegriff europäischer Forscher, die damit zwei sprachlich verwandte Gruppen zusammenfassen: Die San, die als Jäger und Sammler leben, und die Khoikhoi, die darüber hinaus auch Vieh halten.

Xhosa, San und Khoikhoi sind durch regen Handel verbunden, tauschen etwa Wildhonig, Tierhäute oder Elfenbein gegen Eisen und Milch, gegen Ackerfrüchte und eine cannabisähnliche Rauschdroge, erwerben auch das erbeutete oder geschlachtete Fleisch der jeweils anderen. Doch ebenso konkurrieren sie um Land, um Wasser, um Besitz und Macht. San-Trupps rauben Ziegen oder Rinder; die Rache und mehr noch die Eroberungszüge der Xhosa gegen die Wildbeuter sind manchmal brutal; mitunter verbrennen sie deren Behausungen, so wird es jedenfalls für spätere Zeiten berichtet, metzeln selbst Kleinkinder nieder, sei es aus einem kulturellen Überlegenheitsgefühl, Wut oder Machtkalkül. Manche San aber werden auch von den Xhosa integriert, andere leisten ihnen Tributzahlungen. Zudem gehen unter Tshawes Nachfolgern viele Khoikhoi in der Xhosa-Nation auf. Immer weiter dehnt sich deren Herrschaft nach Westen aus.

So legt Tshawe den Grund zu einer Gesellschaft, die Südafrikas Geschichte prägen wird. Trotz seiner Bedeutung ist über Tshawes Tod so wenig bekannt wie über seine Geburt: Datum und Ort, aber auch jeder Hinweis auf die Umstände sind verloren. Der Herrscher der Xhosa verschwindet einfach aus der Erzählung.

Die Legende bleibt ein Schattenriss. Und vermittelt doch ein Bild: das einer frühen, zugleich vielfältigen und aggressiven Macht. Eines Eroberer-staates – aber in gewisser Weise auch einer *Rainbow Nation*, lange bevor der Kapstädter Erzbischof Desmond Tutu diesen Begriff für das moderne, kulturell vielfältige Südafrika prägt. ◊

LITERATURTIPPS

LES SWITZER
»Power and Resistance in an African Society – The Ciskei Xhosa and the Making of South Africa«
Grundlegendes Buch zur Geschichte der Region (University of Wisconsin Press).

CHRISTOPH MARX
»Südafrika – Geschichte und Gegenwart«
Sehr guter Überblick (Kohlhammer).

GEO+ EPOCHE DOSSIER

Lesen Sie auch **»Angola: Die Herrin von Matamba«** (aus GEOEPOCHE Nr. 66) auf *www.geo-epoche.de*

IN KÜRZE

Mündlicher Überlieferung und moderner Forschung nach steigen die Xhosa im 16. Jahrhundert unter der Führung eines Oberherr-scher zu einer dominanten Kraft im Südosten auf. Ihre Herrschaft zeigt dabei zwei Gesichter: Sie attackieren mitunter äußerst rücksichtslos andere Gruppen. Doch zugleich integrieren sie Menschen, unabhängig von Sprache und Herkunft, offen in ihre wachsende Gesellschaft.

1652

Niederländische Kolonie

FREMDE am KAP

Auf ihren Handelsfahrten nach Asien legen europäische Segelschiffe seit Längerem schon kurze Zwischenstopps an der Südwestspitze Afrikas ein. Um 1650 aber lassen sich Vertreter der niederländischen Handelsgesellschaft VOC dauerhaft hier nieder. Ihr Stützpunkt am Kap wächst zu einer der ersten europäischen Kolonien in Afrika – und prägt ein langes Erbe von Verdrängung und Gewalt

TEXT: *Katrin Maike Sedlmair*

ETWA AUF halber Strecke zwischen Europa und den asiatischen Gewürzhandelsplätzen liegt die Bucht am Kap, unterhalb des markanten Tafelbergs – ein idealer Ort, um Frischwasser und neuen Proviant an Bord zu nehmen

JAN VAN RIEBEECK, ein Mann mit brüchiger Karriere, erhält 1651 den Auftrag, den Versorgungsposten am Kap aufzubauen. Im Eiltempo muss er mit seinen rund 90 Begleitern eine Siedlung errichten – und für ausreichend Nahrung für seine Untergebenen sorgen

Ein Sommertag um 1750: Der Wind bläst wieder von Südosten kommend durch die Straßen an der Herengracht, presst sich vorbei an den weiß getünchten Hausfassaden mit ihren runden, geschwungenen Giebeln, die sich am Kanalufer aneinanderreihen. Die Böen rütteln an den sechs Meter hohen Fenstern der reformierten Kirche, knicken Blumen im benachbarten städtischen Garten, reißen an den Ästen der Birn- und Kirschbäume, den Tannen und Wacholdersträuchern.

Überall sind die rollenden Wogen des Meeres zu hören, die schrillen Schreie der Möwen. Es riecht nach Salz, der Wind treibt den Duft von frisch gebackenem Brot durch die Gassen, den Tabakrauch der Tavernen, den Gestank von Blut und Eingeweiden aus dem Schlachthaus, das direkt am Ufer steht.

Nur wenige Menschen sind unterwegs. Ein paar Soldaten vielleicht mit ihren blauen Uniformjacken; ein Fuhrwerk, beladen mit Weinfässern, die dumpf aneinanderstoßen. Und einige Matrosen von einem der Schiffe, die in der rund neun Kilometer breiten Bucht auf Reede liegen.

Die Seeleute sprechen niederländisch, im Kampf gegen die stürmischen Böen wanken sie mit unsicherem Schritt über den Anlandesteg. Einige ihrer Mannschaftsmitglieder haben sie in den vergangenen Wochen an Krankheiten auf See verloren. Jetzt hoffen sie auf etwas Zerstreuung, frisch gebackenes Brot, Gemüse, Fleisch, Schnaps – auf das Gefühl von Heimat nach langen Monaten voller Entbehrungen.

Dabei liegt diese Stadt, in der vieles an Amsterdam, Groningen oder Rotterdam erinnert, fast 10 000 Kilometer von den Niederlanden entfernt am südwestlichen Zipfel Afrikas, nahe dem Kap der Guten Hoffnung: Es ist Kapstadt, eine der ersten größeren europäischen Niederlassungen auf dem afrikanischen Kontinent; ein Ort, an dem Weiße, Einheimische und aus der Ferne verschleppte Sklaven auf engstem Raum zusammenleben; der geprägt ist von Profitgier, Gewalt und Unterdrückung, gegründet ein Jahrhundert zuvor im Auftrag der mächtigsten Handelsgesellschaft der Welt: der „Vereenigden Oost-Indischen Compagnie“, kurz VOC, der Niederländischen Ostindienkompanie.

°

DIE NIEDERLÄNDER sind indes nicht die ersten Europäer am Kap: Schon Ende des 15. Jahrhunderts haben portugiesische Seefahrer den äußersten Südwesten Afrikas erreicht. Denn die seit Jahrhunderten etablierten Routen zwischen der Ostküste des Mittelmeers und den Handelsplätzen am Indischen Ozean werden in dieser Zeit vom mächtigen Osmanischen Reich blockiert. Und so sind die Portugiesen gezwungen, den einträglichen Warenverkehr mit Indien, Ceylon oder dem heutigen Indonesien über den Atlantischen Ozean abzuwickeln.

Schon bald transportieren ihre Schiffe begehrte Gewürze wie Pfeffer, Muskatnuss und Zimt um den afrikanischen Kontinent herum, passieren dabei stets einen prägnanten Felsen am Ende einer rund 50 Kilometer langen Halbinsel, dem sie den Namen „Kap der Guten Hoffnung“ geben – markierte seine erste Umrundung im Jahr 1488 doch den entscheidenden Durchbruch bei der Suche nach dem Seeweg nach Indien.

Je mehr der Handel zwischen Europa und Asien blüht, desto mehr steigt die Bedeutung der Südwestspitze Afrikas für die Seefahrer. In der Umgebung des Kaps haben sie mehrere Uferabschnitte entdeckt, an denen sie bequem an Land gehen können. Besonders eine Meereseinbuchtung im Norden der Halbinsel erweist sich als geeigneter Naturhafen: die Tafelbucht, später so benannt nach dem gut 1000 Meter hohen, abgeflachten Felsplateau, das hier die Küste überragt – dem Tafelberg.

Zwar lassen sich am Kap keine kostbaren Handelsgüter erstehen, doch dafür können sich die Portugiesen mit Proviant für die Weiterfahrt versorgen und sich von den Strapazen der Passage erholen. Denn auf der insgesamt rund acht Monate dauernden Fahrt nach Asien erkranken die Seeleute häufig an Skorbut, einem Leiden, das durch Mangel an Vitamin C hervorgerufen wird.

Manche ruhen sich wochenlang in der Tafelbucht aus, die ungefähr auf halber Strecke liegt. Hier ist das Klima angenehm

VON DEN HIRTENNOMADEN der Umgebung beziehen die Niederländer Rinder und Schafe. Van Riebeeck hat zunächst Anweisung, nicht auf das Gebiet der Einheimischen vorzudringen und – trotz überlegener Waffen – keinen Zwang gegen sie anzuwenden

17 Direktoren BESTIMMEN das VORGEHEN

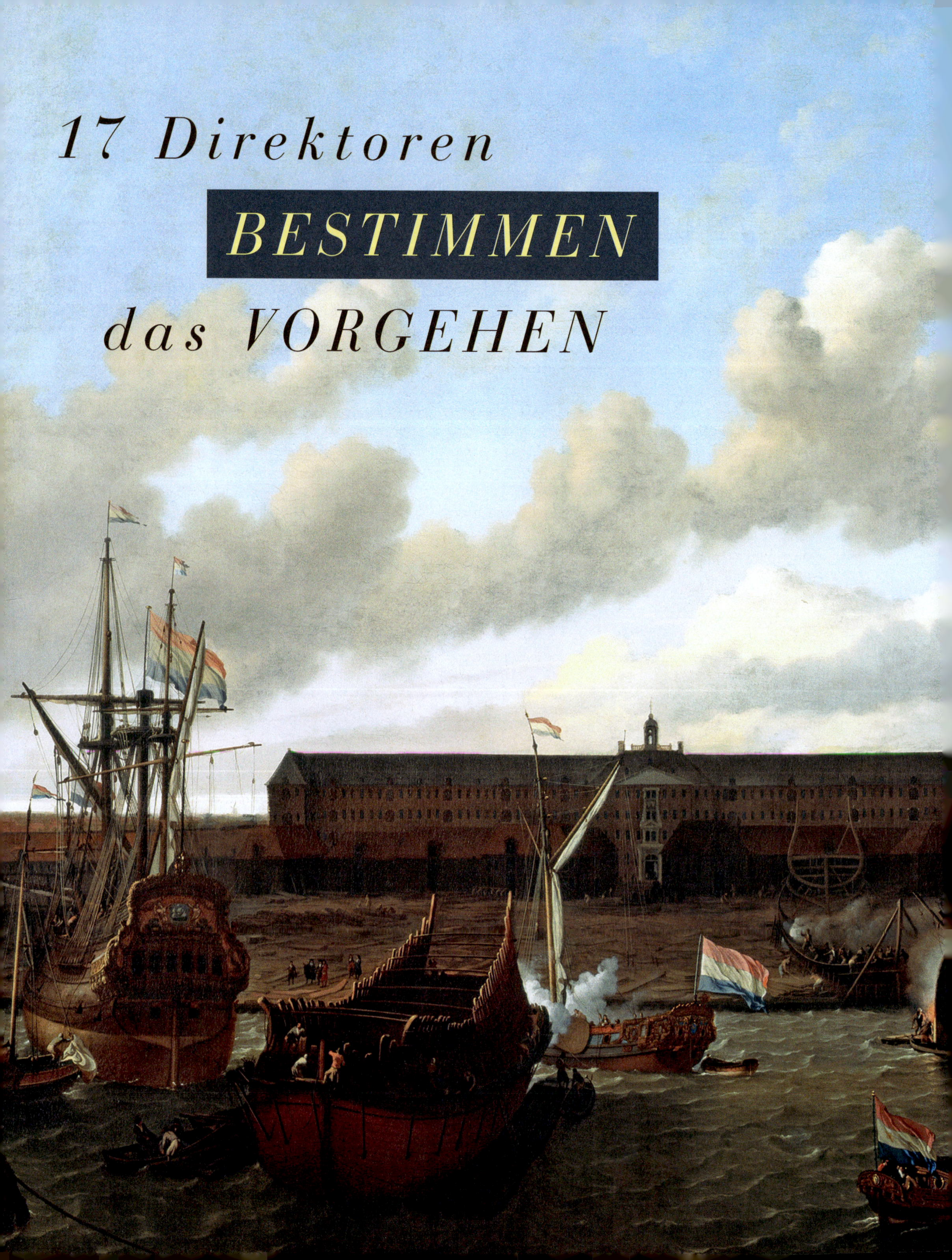

HINTER DER Kapsiedlung steht das damals mächtigste Unternehmen der Welt. Die VOC, hier ihre Speicheranlagen in Amsterdam, dominiert den Gewürzhandel mit Asien, unterhält eigene Truppen und zahlreiche Festungen

mild, gibt es reichlich Süßwasser, das sich von den Höhen des Bergmassivs in die Bucht ergießt. Vor allem aber gibt es Fleisch. Denn die dort lebenden Hirtennomaden, die sich selbst „Khoikhoi" („die wahren Menschen") nennen und in unterschiedlich großen Verbänden im weiteren Umland leben, führen große Herden von Rindern und Schafen von Weidegrund zu Weidegrund durch die Region, tauschen einzelne Tiere mit den Europäern gegen Tabak, Eisen und Kupferplatten, die sie zu Schmuck oder Speerspitzen verarbeiten. Meist verlaufen die Zusammentreffen friedlich, vermutlich weil die Khoikhoi sehen, dass die Fremden nicht länger in der Tafelbucht verweilen als nötig, dass niemand sie ihres Lebensraums berauben will.

Einige Jahrzehnte lang sind die Portugiesen die einzige europäische Macht im Indischen Ozean. Doch gegen Ende des 16. Jahrhunderts gelangen Segler anderer Nationen in die Region. Vornehmlich ein kleiner, erst wenige Jahrzehnte zuvor entstandener Staat im nördlichen Westeuropa macht sich mit Erfolg daran, in das überseeische Imperium der Portugiesen einzudringen: die Republik der Vereinigten Niederlande.

1597 brechen erstmals vier Schiffe aus Amsterdam in Richtung Südostasien auf, zwei Jahre später kehren sie mit einer Ladung Pfeffer von der Insel Java zurück. 1602 schließen sich mehrere niederländische Firmen, die in das Gewürzgeschäft drängen, zu einer Aktiengesellschaft zusammen, der Vereinigten Ostindien-Kompanie. Die VOC ist mehr als ein Wirtschaftsunternehmen, denn die Regierung stattet sie mit Hoheitsrechten aus: Sie kann im Namen der Republik Verträge mit Fürsten anderer Länder abschließen, Festungen bauen, Gouverneure anstellen, Truppen rekrutieren.

In den folgenden Jahrzehnten machen die Flotten der VOC die Niederlande zur stärksten europäischen Kraft in Süd- und Südostasien. Das Unternehmen vertreibt die militärisch unterlegenen Portugiesen von deren Tauschplätzen auf den Molukken und auf Ceylon, sichert sich nach und nach das Handelsmonopol für Gewürze wie Nelken und Muskat – mal durch Abkommen mit den Herrschern vor Ort, mal durch brutale Gewalt gegen die Bevölkerung. Das 17-köpfige Direktorium der Gesellschaft, die sogenannten Heren XVII, hat seinen Sitz in Amsterdam, wichtigstes Verwaltungszentrum und Stapelplatz für asiatische Waren aber wird das 1619 gegründete Batavia (heute Jakarta).

Auch die Seeleute der VOC lernen die Tafelbucht schnell als Rastplatz auf der Fahrt gen Osten zu schätzen. Doch erst ein Zufall löst Mitte des 17. Jahrhunderts eine Entwicklung aus, die die Geschichte des südlichen Afrikas fortan prägen wird.

A

Am 25. März 1647 gerät ein Segler aus Amsterdam in einen Sturm und strandet in der Tafelbucht. Zwei der 62 havarierten Männer, die dort mehrere Monate ausharren müssen, setzen sich nach ihrer Rückkehr in der Heimat vehement dafür ein, unterhalb des Tafelbergs eine dauerhafte Versor-

NACH ANFÄNGLICHEN Schwierigkeiten kommt der Alltag in die Station am Kap, ein Abglanz niederländischen Lebens rund 10 000 Kilometer fern der Heimat. Auch Frauen und Kinder sind unter den ersten Bewohnern (niederländische Kartenspieler)

gungs- und Krankenstation einzurichten. In einem Memorandum für die VOC schwärmen sie von den Bedingungen vor Ort: „Es gibt Fische im Überfluss, Antilopen, Vögel, in manchen Jahreszeiten ist die Tafelbucht voller Wale." Und auch Gemüse ließe sich dort hervorragend anbauen, spekulieren die beiden Männer. „Alles wird dort so prächtig wachsen wie nur irgendwo sonst auf der Welt – Kürbisse, Melonen, Kohl, Karotten, Rettiche, Rüben, Zwiebeln und anderes." Die dort lebenden Menschen seien friedlich und daran interessiert, Vieh aus ihren Herden zu verkaufen – solange ihnen dafür ein angemessener Preis geboten werde.

Die Heren XVII zeigen sich beeindruckt und bewilligen die Unternehmung, nicht zuletzt wegen des Arguments, dass eine Station am Kap die Gesundheit der Seeleute verbessern und der Gesellschaft damit viel Geld sparen würde, das sie sonst für das Gehalt und die Pflege der Erkrankten aufbringen müsste.

Nun gilt es, den richtigen Mann für das Vorhaben zu finden. Die Wahl fällt auf einen früheren Angestellten, der bei der VOC eigentlich in Ungnade geraten war: Jan van Riebeeck, geboren 1619 in der Nähe von Utrecht, seit 1637 Angestellter der Kompanie, als Arzt, Kaufmann und Diplomat in den asiatischen Niederlassungen. In seinem achten Dienstjahr jedoch flog auf, dass er auf eigene Rechnung Handel betrieben hatte, und er musste die Gesellschaft verlassen. Nun, mit Anfang 30, hat sich van Riebeeck um den Posten am Kap beworben – für ihn ist es die vielleicht letzte Möglichkeit, sich zu rehabilitieren.

AM 6. APRIL 1652 erreicht er auf dem Dreimaster „Drommedaris", begleitet von zwei weiteren Schiffen, die Tafelbucht. 82 Männer, Soldaten, Köche, Zimmerleute und Gärtner, allesamt Angestellte der VOC, aber auch acht Frauen, stehen auf den hölzernen Planken der Decks. Unter ihnen sind die Lagerräume gefüllt mit Baumaterialien – Glasfenstern, Bauholz und Ziegelsteinen –, mit Samen für den Gemüseanbau, Vorräten für die erste Zeit, etwa Gerste, Erbsen und Bohnen.

„Eine Schaluppe wurde ausgesandt, um zu gucken, ob sich in der Bucht feindliche Schiffe befanden. Doch da war niemand, und so machten wir dort fest", schreibt van Riebeeck an jenem Abend nüchtern in sein Tagebuch. Es ist der erste von etlichen Einträgen des neuen Kommandanten. Einer Anweisung der Heren XVII gemäß dokumentiert er in seinem Journal die Entwicklung des Ortes, berichtet von Rückschlägen und Erfolgen, dem mühsamen Alltag, von Krankheit und Tod.

Van Riebeeck stellen sich zwei gewaltige Aufgaben: Zum einen müssen er und seine Männer aus dem Nichts eine Siedlung errichten, mit Unterkünften, Wirtschaftsgebäuden, einer Krankenstation und einem Fort als Absicherung gegen mögliche Angriffe der Einheimischen. Zum anderen gilt es, die Versorgung der regelmäßig festmachenden Segler der VOC mit Gemüse, Obst und Fleisch sicherzustellen.

Zum Herzstück der Kapniederlassung wird deshalb schnell die Anbaufläche, der Garten, den van Riebeeck gleich im ersten Monat anlegen lässt. Doch die Anfänge sind mühsamer als erwartet und deutlich anders als von den Verfassern des VOC-Memorandums vermutet.

Denn jetzt im April, nach den Sommermonaten auf der Südhalbkugel, ist die Erde ausgetrocknet, gehen manche der mitgebrachten Samen gar nicht auf, verkümmern andere Pflanzen im Frühstadium. Über Monate lässt der Kommandant seine Männer immer wieder neu aussäen, um so die richtigen Bedingungen für jedes Gewächs zu ergründen.

Als wichtigstes Nahrungsmittel gilt den Europäern jedoch Fleisch – und dessen Beschaffung erweist sich als noch schwieriger. Zwar ziehen Hirtennomaden mit

MIT WOHNHÄUSERN, Bäckereien, einer Festung und einer Krankenstation für sieche Seeleute ist die Siedlung bald fester Anlaufpunkt für Kauffahrer. Lange aber bleibt sie auf den Import von Nahrungsmitteln aus Europa und Asien angewiesen

Der Schritt INS UMLAND hat DRASTISCHE Folgen

SELTEN NUR begeben sich die europäischen Bewohner in die für sie exotische Umgebung voller fremdartiger Tiere – bis die Stützpunktleitung Niederländer Farmen auf dem Land der Einheimischen anlegen lässt. Die Expansion beginnt

ihren Herden durch das nahe Umland, doch die wenigen Khoikhoi, die im Lager auftauchen, zeigen sich kaum einmal bereit, Tiere zu verkaufen. Warum die Khoikhoi, die doch seit Jahrzehnten mit Europäern handeln, sich nun so zurückhaltend geben – darüber kann van Riebeeck nur rätseln. Gut möglich, dass sie spüren, dass diese Fremden, anders als ihre Vorgänger, gekommen sind, um zu bleiben. Nicht mehr als eine einzige Kuh und ein Kalb jedenfalls vermag der Kommandant in den ersten Wochen zu erstehen. Dann verschwindet auch deren Verkäufer für lange Zeit, vielleicht, weil er mit seinen Rindern auf Weidegründe im Landesinneren weiterzieht.

Frustriert von den schleppenden Geschäften, kommen van Riebeeck immer wieder zynische Gedanken, die er in seinem Tagebuch vermerkt: Wenn seine Männer die Nomaden ihrer Herden beraubten, dann wären die Probleme auf einen Schlag gelöst. Zudem könnte man eine größere Anzahl von Menschen gefangen nehmen und als Sklaven verkaufen. Allein: Seine Instruktionen verbieten ausdrücklich ein solches Vorgehen, haben die Heren XVII doch befohlen, die Einheimischen so freundlich wie möglich zu behandeln, sie weder zu bestehlen noch zu versklaven – vor allem, um einen teuren Krieg zu vermeiden. Van Riebeeck muss also weiter auf ein Entgegenkommen der Khoikhoi hoffen.

Vorerst sind die Europäer daher auf andere Nahrungsquellen angewiesen: In Flussmündungen und auf See können sie mit Netzen Fische fangen; außerdem setzen sie mit ihren Beibooten auf eine kleine Insel in der Tafelbucht über (das heutige Robben Island), erlegen dort Robben und Pinguine, sammeln die Eier der Vögel.

Doch dem Kommandanten läuft die Zeit davon: Wohl aufgrund der unzureichenden Ernährung erkranken in den ersten Monaten immer mehr Männer an der Ruhr oder an einem unbekannten Fieber. „Einer nach dem anderen wird krank, und viele sterben – eine schlechte Aussicht für die Arbeiten“, schreibt van Riebeeck am 10. Juni.

Dazu beklagen sich immer mehr Angestellte der VOC über die schweren Bedingungen, das schlechte Essen und die harte Arbeit. Doch van Riebeeck braucht Disziplin, will er seinen Plan von der blühenden Versorgungsstation am Kap verwirklichen. Fallen die Beschwerden zu respektlos aus, beschimpfen die Männer gar Vorgesetzte, lässt er sie mit Peitschenhieben bestrafen.

Zu schaffen macht den Europäern auch der ständige Wind aus Südosten, der Geschwindigkeiten von über 100 Kilometern pro Stunde erreichen kann und das Arbeiten oft unmöglich macht. Unbarmherzig reißt er gerade aufgestellte Hütten zu Boden, entwurzelt Pflanzen und verdirbt so die eh schon spärlichen Ernten.

Immerhin: Nach und nach entstehen die ersten Gebäude, im August 1652 das Fort, eine einfache Konstruktion aus Holz und Erdwällen. Bald kommen Wohnhäuser hinzu, das Hospital für die erkrankten Seeleute; die Niederländer müssen nicht mehr, wie noch in der Anfangszeit, in Zelten aus Segeln schlafen. Nach Monaten ausdauernden Experimentierens gedeihen endlich auch einige Gemüsesorten, können nicht nur van Riebeecks Arbeiter mit dem Grünzeug versorgt werden, sondern auch die ersten Seeleute, die nun wie erwartet am Kap eine Rast einlegen. Auch der Handel mit den Khoikhoi kommt in Gang, die Europäer können ihnen Hunderte Rinder und Schafe abkaufen – vielleicht weil die Einheimischen die Gegenwart der Europäer mittlerweile akzeptiert haben, ihr Interesse an Kupfer und Tabak die anfängliche Skepsis überwiegt.

Nach den Mühen der Anfangszeit hält in der Siedlung so eine Art Alltag Einzug. Allmählich wächst die Station, die ersten Kinder werden geboren, einige Dutzend weitere Europäer stoßen über die Jahre als VOC-Angestellte hinzu. Doch van Riebeeck weiß, dass die Kompanie-Führung seine Unternehmung stets kritisch beäugt. Für sie kommt es darauf an, dass deren Nutzen die Kosten überwiegt, und davon kann auch nach fünf Jahren nicht die Rede sein: Die Station ist noch immer auf Zulieferungen aus Amsterdam und Batavia angewiesen, vor allem auf Reis und Getreide, denn für deren Anbau fehlen Arbeiter am Kap.

Van Riebeeck beschließt, Weizenfelder im Umland anlegen zu lassen – und fällt dabei in der Mitte seiner zehn Jahre dauernden Amtszeit eine Entscheidung, die den Süden Afrikas für immer verändern wird.

Denn nicht Bedienstete der VOC sollen die neuen Flächen bestellen, sondern freie Bauern, die auf eigene Rechnung wirtschaften und von denen sich van

Riebeeck aufgrund dieser Motivation eine deutlich höhere Produktivität erhofft.

1657 entlässt er neun Angestellte aus ihren Diensten und erlaubt ihnen, als sogenannte *vrijburgers*, „Freibürger", eigene Farmen am Osthang des Tafelberges zu bewirtschaften. Wichtigste Bedingung: Die Bauern müssen ihre Erträge an Weizen und Gemüse, später auch Wein, zu festgelegten Preisen an die Kompanie veräußern. Erstmals greifen die Europäer damit nach Land außerhalb der Kapsiedlung, nach den Weideflächen der Khoikhoi – und riskieren so mögliche Konflikte.

Genau das hatten van Riebeeck und seine Vorgesetzten bisher vermeiden wollen, hatten zudem kein Interesse daran, als Obrigkeit für Europäer jenseits der Firma aufzutreten, für deren Schutz verantwortlich zu sein. Nun aber hat die wirtschaftliche Notwendigkeit sie von dieser Haltung abrücken lassen.

Bald schon kommt es zu ersten Scharmützeln, rauben Angehörige einheimischer Gruppen, die nicht bereit sind, die Expansion der Siedlung hinzunehmen, den Farmern ihre Pflugochsen, zerstören die Felder. 1659 sendet van Riebeeck Strafexpeditionen aus, die die Diebe stellen sollen. Mit ihren Schusswaffen sind seine Männer den Khoikhoi überlegen, und nach einigen Zusammenstößen (wie viele Menschen dabei getötet werden, ist nicht überliefert) geben die Aufständischen auf und überlassen den weißen Farmern das Land.

Bereits im Jahr zuvor haben zwei voll beladene Schiffe in der Tafelbucht angelegt. Sie bringen keine Baumaterialien oder Nahrungsmittel, sondern mehrere Hundert Sklaven, die Menschenhändler aus ihrer Heimat in Westafrika und Angola verschleppt haben. Die Gefangenen sollen den Mangel an Arbeitskräften in der Kapsiedlung und mehr noch bei den Freibürgern im Umland beheben. Ein Teil der Neuankömmlinge muss direkt für die VOC die härtesten Arbeiten erledigen, etwa Baumstämme für den Häuserbau schlagen und schleppen oder Ziegelsteine herstellen.

Nach der Ausweitung der Kolonie übertreten van Riebeeck und die Kompanie damit erneut eine Grenze, tun einen weiteren, grausamen Schritt: Sie legen den Grundstein für die Errichtung einer Sklavenhaltergesellschaft im südlichen Afrika.

DA ARBEITSKRÄFTE rar sind, verschleppt die Firma bald Menschen aus anderen Teilen Afrikas und aus Asien als Sklaven ans Kap

DIE VOC darf sogar eigene Münzen prägen. So gut wie alle Entscheidungen der Gesellschaft gehorchen dem Willen zum Profit

°

BALD DARAUF, 1662, geht van Riebeecks Zeit als Kommandant am Kap zu Ende. Ein Resümee findet sich nicht in seinem Journal, doch vermutlich ist der Niederländer mit sich im Reinen, mit seiner Arbeit zufrieden. Noch glücklicher aber, so lässt sich annehmen, macht ihn die Aussicht darauf, vom abgelegenen Außenposten am Kap in das Herz des VOC-Imperiums im heutigen Indonesien zu wechseln.

In Südostasien treibt er seine Karriere weiter voran, dient der Gesellschaft auf verschiedenen Posten, bis er 1677 mit 57 Jahren in Batavia stirbt.

Unter seinen Nachfolgern am Kap (die sich ab 1690 „Gouverneure“ nennen) entfalten van Riebeecks Entscheidungen – die Ansiedlung der Freibürger und die Einfuhr von versklavten Menschen – ungeahnte Wirkung. Denn mit der Aussicht auf Landbesitz zieht es jetzt immer mehr Europäer ins südliche Afrika: Erst Hunderte, dann Tausende Siedler nehmen für den Ackerbau geeignete Parzellen in der Region in Besitz, bewirtschaften sie auf eigene Rechnung. Sie kommen nicht nur aus den Niederlanden, sondern auch aus den nach dem Dreißigjährigen Krieg verheerten deutschen Landen, aus Schweden, manche aus Frankreich. Die meisten von ihnen haben in der Heimat keine Hoffnung auf Wohlstand, sind verarmt oder werden wegen ihrer protestantischen Religion verfolgt, stellen sich deshalb der schweren Aufgabe, sich auf dem fremden Kontinent mit wenig Geld ein neues Leben aufzubauen.

Die Ankömmlinge gründen neue Orte, darunter Stellenbosch 35 Kilometer östlich der Tafelbucht im Landesinneren. Noch viel weiter breiten sich ab etwa 1690 zahlreiche Weiße aus, die von der Viehhaltung leben. Diese „Treckburen“ (niederländisch *trekboere*, „Wanderbauern“) wohnen auf abgelegenen Höfen, versorgen sich weitgehend selbst. Rund 900 Kilometer in östlicher und nördlicher Richtung dehnt sich das weiße Siedlungsgebiet schließlich aus. Die einstige Versorgungsstation der VOC ist zu dem geworden, was sie eigentlich nie sein sollte: eine Kolonie.

Für die Khoikhoi der Region bedeutet die Expansion der Europäer vor allem eines: den Verlust

UM 1800 übernimmt kurzzeitig der niederländische Staat die Kolonie, deren Territorium die Europäer rücksichtslos immer weiter auf das Umland ausdehnen. Hier verhandelt Gouverneur Jan Willem Janssens mit Einheimischen

weiterer Weideflächen. Zudem bringen manche Treckburen, die die VOC aufgrund der großen Entfernungen kaum kontrollieren kann, etliche Rinder und Schafe der Einheimischen gewaltsam in ihren Besitz.

So vollzieht sich der Niedergang der Nomaden. Zwar dürfen sie weiterhin nicht versklavt werden, gilt nach wie vor die einstige Instruktion der Heren XVII. Doch viele von ihnen, ihrer früheren wirtschaftlichen Grundlage beraubt, müssen jetzt als billige Arbeitskräfte bei den Europäern anheuern. Als 1713 eine Pockenepidemie wütet und Tausende Khoikhoi sterben, wird ihre Gemeinschaft weiter geschwächt.

Zunehmend verwandelt sich die Kolonie, einst eine Ansammlung von Angestellten eines Handelsunternehmens, in ein Gemeinwesen aus Sklaven und Sklavenhaltern. Mehr und mehr Unfreie führt die VOC ein, verkauft sie meist gegen Kredit an die Freibürger. Anders als zu van Riebeecks Zeiten, stammen die Sklaven nun aus dem niederländischen Handelsreich rund um den Indischen Ozean, zumeist aus Asien, später

KAPSTADT BLEIBT ein europäisch geprägter Ort, entwickelt sich zugleich aber auch zu einer Siedlung mit äußerst vielfältiger Bewohnerschaft. Gut 150 Jahre nach der Gründung übernehmen zudem dauerhaft neue Herren die Macht in der Handelsmetropole: die Briten

kommen etwa auch Männer und Frauen aus dem afrikanischen Mosambik dazu. Insgesamt werden rund 63 000 Menschen während der VOC-Herrschaft nach Südafrika verschleppt. Sie arbeiten meist auf den Feldern der Farmer, nicht selten aber auch in Diensten der Kompanie in der Hauptstadt der Kolonie.

K

Kapstadt, wie die Siedlung ab etwa 1750 heißt, ist ein Ort mit doppeltem Gesicht: eine europäische Enklave auf afrikanischem Boden, in der vieles an die Niederlande erinnert, die aber auch ein Nebeneinander verschiedener Bevölkerungsgruppen birgt. Dabei leben ihre rund 15 000 Einwohner nicht, wie in späteren Zeiten, nach ihrer Herkunft getrennt voneinander. In ein und derselben Straße können Europäer, aus Asien stammende Sklaven und Khoikhoi wohnen, die es als Hausdiener in die Stadt verschlagen hat, stehen herrschaftliche Bauten neben kleinen Häusern. Die größten Gebäude jedoch dienen der noch immer allmächtigen Handelsgesellschaft: das Hospital mit seinen hohen Mauern und vergitterten Fenstern; das Sklavenhaus neben dem städtischen Garten, in dem diejenigen Unfreien wohnen, die direkt für die VOC arbeiten. Zwischen beiden verläuft die Herengracht, einer von mehreren Kanälen, durch die das Wasser der sich vom Tafelberg ergießenden Bäche fließt.

Ein Bau jedoch beherrscht das Stadtbild mehr als jeder andere: die Festung, die sich im Osten der Siedlung auf einem fünfzackigen Grundriss erhebt. Das steinerne Bollwerk steht unweit der Stelle, an der einst Jan van Riebeecks Männer das hölzerne Fort errichtet haben. Hier residiert der Gouverneur, sind mehrere Hundert Soldaten stationiert.

Gleich neben dem Kastell ragt ein Galgen auf, Straftäter aus der ganzen Kolonie werden dort gehängt, mitunter nachdem sie zuvor schreckliche Torturen erlitten haben, etwa mit glühenden Zangen malträtiert worden sind. Am häufigsten ereilt die Todesstrafe Sklaven. Im Durchschnitt richtet die VOC in jenen Jahren jeden Monat einen Unfreien hin, oft für kleinere Vergehen wie Diebstahl.

Zwang und Gewalt, so lässt sich vermuten, sind auch die Grundlage für manche der zahlreichen Beziehungen, die Sklavinnen und Khoikhoi-Frauen mit weißen Männern eingehen. Unter anderem durch die Nachkommen solcher Verbindungen entsteht in Kapstadt und dem Umland nach und nach eine Bevölkerungsgruppe, für die sich die Bezeichnung *Kapse kleurlinge* (englisch *Cape*

Coloureds) einbürgern wird und die bis heute die Gesellschaft Südafrikas mit prägt.

Das Schicksal der nach der Pockenepidemie verbliebenen Khoikhoi und erst recht der Sklaven mag grausam sein – zu größeren Aufständen gegen die VOC schließen sie sich nie zusammen, vermutlich auch, weil beide Gruppen verstreut über das mittlerweile riesige Gebiet der Kolonie leben und sich entsprechend schlecht organisieren können.

Geschwächt wird die Stellung der Kompanie am Kap jedoch in den Jahrzehnten nach 1750 durch den wachsenden Unmut der weißen Bevölkerung: Sie wollen ein Mitspracherecht bei politischen Entscheidungen, von denen sie bislang praktisch ausgeschlossen sind. Den Ärger verstärken die um sich greifende Korruption der VOC-Beamten und die wirtschaftliche Schieflage, in die die gesamte Kompanie immer stärker gerät aufgrund eigener Misswirtschaft und der sich verändernden Nachfrage in Europa: Statt Gewürzen sind nun andere Kolonialwaren wie Tabak und Kaffee gefragt, auf die die VOC kein Monopol hat.

1779 reist eine Delegation wohlhabender Bewohner der Kolonie nach Amsterdam, um sich bei den Heren XVII, dann auch direkt bei der Regierung in Den Haag über das Kapstädter Regime zu beschweren. Die Herrschaft der VOC in der Kapkolonie ist angezählt. In den folgenden Jahren bröckelt ihre Autorität dort weiter – und bricht schließlich mit einem Schlag zusammen.

1795 unterwirft eine französische Armee unter Napoleon Bonaparte die Niederlande. Großbritannien, selbst im Krieg mit Frankreich, fürchtet nun, dass Napoleons Truppen sich am Kap festsetzen und dadurch den Seeweg zu den britischen Besitzungen in Indien blockieren könnten. Im Juni 1795 ankert eine Flotte der Royal Navy in einer nahe gelegenen Bucht, um Kapstadt prophylaktisch einzunehmen. Als die Angreifer zu Land und von See aus attackieren, müssen die Niederländer sich der Überlegenheit des Feindes nach ein paar Scharmützeln beugen.

°

DOCH NOCH EINMAL kehren die alten Herren in den Süden Afrikas zurück, und wieder lösen Geschehnisse in Europa den Wechsel aus: Als Großbritannien und Frankreich 1802 Frieden schließen, ist ein Teil der Bestimmungen, dass die Kapkolonie wieder an die Niederlande geht, die nun als die von Napoleon abhängige Batavische Republik firmieren. Die VOC jedoch existiert da schon nicht mehr: 1799 hat die Regierung die einst so mächtige, inzwischen aber überschuldete Handelsgesellschaft aufgelöst und deren Besitzungen in die Hand des Staates überführt.

Das niederländische Intermezzo ist kurz: 1806 zieht erneut eine britische Flotte vor der Südwestküste Afrikas auf, wieder geht es darum, ein Festsetzen Frankreichs zu verhindern. Die Kämpfe sind heftiger als 1795, mehrere Hundert Männer kommen ums Leben. Doch angesichts der Übermacht der Angreifer steht der Sieger von vornherein fest. Und diesmal ist der Verlust endgültig: Die Kapkolonie wird britisch.

Und ein neues Kapitel für den Süden Afrikas beginnt. ◊

LITERATURTIPPS

RICHARD ELPHICK, HERMANN GILIOMEE (HG.)
»The Shaping of South African Society, 1652–1840«
Gute Analyse der frühen Kolonialzeit (Longman).

ALBRECHT HAGEMANN
»Kleine Geschichte Südafrikas«
Kompakte Einführung (C. H. Beck).

IN KÜRZE

Um einen Versorgungsstützpunkt für Handelsschiffe einzurichten, gründen Niederländer Mitte des 17. Jahrhunderts eine kleine Niederlassung am Kap, die jedoch bald zur Kolonie wächst: Auf Zehntausenden Quadratkilometern siedeln schließlich Bauern aus Europa und erschaffen eine Sklavenhaltergesellschaft, die den nomadischen Gemeinschaften der Einheimischen stark zusetzt.

WORTGEWALTIGE Hymnen und Predigten trägt Ntsikana seinen Anhängern vor – in der Sprache der Xhosa. Denn er will die eigenen Traditionen keineswegs aufgeben, sie vielmehr durch die christlichen Lehren stärken

DER SCHWARZE MISSIONAR

Anfang des 19. Jahrhunderts versuchen europäische Geistliche ihren Glauben bei den Xhosa zu verbreiten. Auch ein Mann namens Ntsikana hört ihre Predigten – und kündet irgendwann selbst vom Gott des Christentums

TEXT: *Hanno Scheerer*

ILLUSTRATION: *Julian Rentzsch*

Das Licht Gottes trifft ihn aus dem Nichts. Wie jeden Morgen geht Ntsikana an einem Sommertag 1815 zu seinem Gehege, betrachtet stolz sein Vieh. Plötzlich sieht er über seinem Lieblingsochsen einen grellen Lichtstrahl in den Farben des Regenbogens. Ein Junge aber, der sich in der Nähe befindet, nimmt die Erscheinung nicht wahr, und so ist Ntsikana bald überzeugt: Was er sieht, ist nur für ihn bestimmt – es ist die Botschaft Gottes. Und die soll er fortan verkünden.

Jene Legende erzählen die Angehörigen der Xhosa, die seit Jahrhunderten im südlichen Teil des heutigen Südafrika leben, von Generation zu Generation weiter: Demnach sei Ntsikana von einem Tag auf den anderen durch das Licht Gottes zum christlichen Missionar und Propheten geworden.

Tatsächlich kommt Ntsikanas Erweckung wohl früher und längst nicht so plötzlich. Um 1800, nach seiner Beschneidung, heiratet der junge Mann zwei Frauen. Und zur gleichen Zeit hört er, wie viele Menschen in der Gegend, vermutlich den Niederländer Johannes van der Kemp predigen, den ersten Missionar bei den Xhosa. Vielleicht geht es Ntsikana damals so wie etlichen Bewohnern: Sie hören dem Weißen zwar interessiert zu, doch huldigen sie weiterhin ihren Ahnen als wichtigster Verbindung zur spirituellen Welt statt dem christlichen Gott.

Missionaren wie van der Kemp gelingt es lange Zeit nicht, die Xhosa massenhaft vom Christentum zu überzeugen und zur Konversion zu bewegen. Denn die meisten verlangen von den Menschen, die sie zu bekehren suchen, dass sie nicht nur den neuen Glauben annehmen, sondern auch ihre Kultur der europäischen anpassen – ein Schritt, den ein Großteil der Schwarzen zunächst ablehnt. Auch wenn van der Kemp eine offenere Haltung vertritt, sieht Ntsikana wohl keinen Grund, die fremde Religion zu übernehmen. Doch die Predigten des Niederländers scheinen sich in Ntsikanas Gedächtnis festgesetzt zu haben, bis er sie 1815 nach außen trägt – zu einer Zeit, in der die Xhosa einen Heilsbringer brauchen könnten.

Denn von der Kapkolonie, die 1806 die Briten an sich gerissen haben, drängen nun zunehmend landhungrige weiße Siedler auf ihr Gebiet vor, immer mehr unter den Xhosa fürchten um ihre Existenz. Die Vorstellung, dass es einen allmächtigen, beschützenden Gott gibt, muss diesen nun viel interessanter erscheinen als noch 15 Jahre zuvor. Und der ersehnte übernatürliche Heilsbringer, so glaubt Ntsikana, könnte ausgerechnet der Gott der Europäer sein.

Schon bald nachdem er das Licht über seinem Ochsen gesehen haben will, hält er Predigten. Und Dutzende kommen, um den muskulösen Mann mit dem durchdringenden Blick in seiner Hütte oder unter einem mächtigen Baum zu hören. Denn Ntsikana zu folgen ist viel leichter als europäischen Missionaren: Anders als sie verlangt er nicht, dass die Xhosa die Polygamie aufgeben, fordert keine westliche Kleidung. Er selbst hat sich zwar von seiner Zweitfrau getrennt, schmiert seinen Körper nicht mehr mit rotem Ocker ein, der den Xhosa als Zierde gilt, sie zudem vor der Sonne und Insektenstichen schützt. Doch er trägt mitunter noch immer einen Überwurf aus Leopardenfell und nimmt auch keinen christlichen Namen an – für Ntsikana soll der neue Glaube die Kultur der Xhosa bereichern, nicht ersetzen.

Und: Ntsikana gibt nicht einfach die Gebete der Europäer wieder, sondern beginnt selbst zu dichten – in seiner Muttersprache. „Er ist der Große Gott in den Himmeln. Du bist der Eine, der wahrhaftige Schild", heißt es in seiner „Großen Hymne", die er seinen Anhängern mit tiefer Bassstimme vorträgt. So macht er den Xhosa in Worten, die sie verstehen, die Kraft Gottes anschaulich. Seine Botschaft lautet: Die Gewehre der Briten mögen die aus Rinderhaut gefertigten Schilde eurer Krieger durchschlagen, doch Gott wird euch beschützen!

Viele mächtige Xhosa aber sehen ihre Lebensweise und Macht auch von einem angepassten Christentum bedroht. Und so hört keiner ihrer untereinander verfeindeten Anführer auf Ntsikana, als er predigt, dass nach Gottes Wille die Herden zusammenkommen sollen, die gegeneinander kämpfen. Als Ntsikana wohl 1821 an einer Krankheit stirbt und von seinen Anhängern nach christlichem Ritual begraben wird, sind die Xhosa derart zerstritten, dass die Briten die einzelnen Gruppen leicht gegeneinander ausspielen können.

So bleibt Ntsikanas Einfluss zu Lebzeiten gering. Doch seine Jünger und ihre Nachkommen verbreiten seine Lehre weiter, verehren ihn bald wie einen Heiligen. Und bis heute rezitieren und singen Xhosa seine Hymnen – als Ausdruck eines eigenen südafrikanischen Christentums. ◊

um 1820

Shaka Zulu

VOM SOHN eines unbedeutenden Chiefs steigt Shaka Zulu zum mächtigen Herrscher auf. 1824, auf dem Höhepunkt seiner Macht, erlaubt er britischen Händlern, an einer Bucht in seinem Territorium einen Stützpunkt zu gründen: Port Natal, das spätere Durban (großes Bild)

DER KÖNIG DER OSTKÜSTE

Eine Vielzahl von alteingesessenen Gruppen lebt in den fruchtbaren Gebieten an der Ostküste Südafrikas, wo sich das Ansehen eines Chiefs an der Zahl seiner Rinder bemisst. Um 1820 jedoch wird die Region erschüttert: Shaka aus der Herrscherfamilie der Zulu überzieht seine Nachbarn mit Krieg, formt ein großes Reich – und löst Unruhe und Gewalt selbst in weit entfernten Gegenden aus

TEXT: *Frederik Seeler*

WENN DER GEFÜRCHTETSTE Herrscher des südlichen Afrikas seine Macht demonstrieren möchte, dann führt er seine Krieger vor – und seine Rinder. So wie an einem Tag im südafrikanischen Winter des Jahres 1824, als König Shaka Zulu das gewaltige Viehgehege im Zentrum seiner Hauptstadt Bulawayo nahe der Ostküste Südafrikas betritt. Sein nackter Oberkörper ist muskulös, an Beinen und Armen hängen die Quasten von Rinderschwänzen, in seinem Haarband steckt die blaue Feder eines Kranichs. Leibwächter, Berater und Hunderte Untertanen begleiten ihn. Das Viehgehege um sie herum misst mehr als einen Kilometer im Durchmesser. Shaka schreitet zur Mitte des Platzes.

An diesem Tag, so jedenfalls beschreibt es der britische Kaufmann Henry Francis Fynn, der Zeuge des Ereignisses ist, lässt der König wie so oft eine Parade abhalten. Tausende Soldaten marschieren in ihrer Kriegstracht an ihm vorbei, besingen die Erfolge des Zulu-Herrschers. Regimenter von Mädchen folgen. Später tanzen Hunderte Frauen mit Schmuckperlen behangen vor ihm, sie gehören zu Shakas Harem.

Doch das, was die Zuschauer bei dieser Parade wohl am meisten beeindrucken soll, ist das Vieh. Tausende Rinder werden dem König präsentiert, aufgeteilt nach der Farbe ihres Fells. Shaka Zulu inspiziert die Tiere, schaut sich seine königliche Zucht an.

Der Status eines Herrschers im südlichen Afrika bemisst sich nicht in Quadratkilometern, die er kontrolliert, nicht allein in Untertanen und Kriegern, die er befehligt, sondern vor allem an der Anzahl seiner Rinder. Und davon hat in den 1820er Jahren niemand so viele wie Shaka, König der Zulu. Zehntausende Tiere versorgen sein Volk mit Milch und Fleisch, mit ihnen lassen sich Kriege finanzieren, Loyalität erkaufen, ein Reich zusammenhalten.

Doch Shakas wachsender Staat benötigt immer mehr Rinder, die er auf Kriegszügen bei seinen Nachbarn raubt – und so eine Kettenreaktion mit auslöst, die vielen Menschen das Leben kosten und unzählige vertreiben wird. Eine Umwälzung, die das Land verwundbar werden lässt, die es leichter macht für die Siedler aus Europa, in immer weitere Gegenden vorzustoßen.

DIE GESCHICHTE DER schwarzen Südafrikaner und ihres Viehs geht da schon mehr als 1000 Jahre zurück. Wohl spätestens um das 3. Jahrhundert n. Chr. erreichen Zuwanderer aus dem Norden das südafrikanische Hochland sowie die vorgelagerten Küstengebiete zwischen dem heutigen Mosambik und dem Südzipfel des Kontinents – und bringen ihre Rinder mit. Die Bedingungen an der Ostküste Südafrikas sind ideal, um Vieh zu züchten. Regenwolken, die vom Indischen Ozean über das hügelige Land ziehen, speisen Flüsse und Bäche, sorgen dafür, dass auch im Sommer ausreichend Gras wächst.

Die Menschen, die sich an der Küste und in anderen Teilen Südafrikas

EINE ARMEE von 15 000 Männern kämpft für Shaka, die zuvor jahrelang in der Wildnis ausgebildet wurden (Zulu-Krieger, um 1848)

UM DIE DÖRFER im Zulu-Gebiet gedeihen Hirse und andere Getreide, neben Fleisch und Milch der Rinder das wichtigste Nahrungsmittel

ansiedeln, sprechen Bantu-Sprachen, deren Ursprung vermutlich im Bereich des heutigen Kamerun liegt und sich von dort über weite Teile des Kontinents südlich des Äquators ausbreiten.

Archäologische Funde zeigen, dass wohl die meisten von ihnen im Zentrum ihrer Siedlungen ein Gehege für ihre Rinder errichten, einen sogenannten Kraal, umgeben von einer Mauer aus Stein oder einem Zaun aus Ästen. Im Morgengrauen führen die Männer die Tiere aufs Weideland der Umgebung. Kinder lernen von klein auf, die Rinder an ihren Hörnern und Fellmustern zu unterscheiden. Für einen Jungen gilt es als Ehre, eine Kuh melken zu dürfen. Die Milch wird oft in einen ausgehöhlten Kürbis gefüllt, wo sie zu einer Art Joghurt fermentiert, der neben Getreide wie etwa Hirse, Sorghum und Mais zu den Grundnahrungsmitteln gehört. Die

AUF DEN FELDERN der Region schuften allein Frauen (hier zwei Tänzerinnen): Die hochgeachtete Arbeit mit den Rindern ist Männern vorbehalten

IM ZENTRUM jeder Siedlung an der Ostküste liegt der Kraal, das Viehgehege mit den Rindern. Shaka Zulu besitzt Zehntausende Tiere: Viele davon haben seine Krieger von anderen Gruppen erbeutet

Häute der Rinder nutzen die Menschen, um daraus Kleidung zu machen, Hütten abzudecken, Schilde zu fertigen. Der Dung der Tiere dient als Dünger, Brennstoff oder wird mit Lehm vermengt, um den Boden in Hütten auszulegen.

Die harte Arbeit auf dem Acker verrichten meist Frauen, Kühe melken ist hingegen den Männern vorbehalten. Die Viehhaltung trägt vermutlich entscheidend dazu bei, dass über die Jahrhunderte eine hierarchische Gesellschaft entsteht. An der Spitze einer Siedlung stehen der Chief und seine Familie. Sie besitzen meist die größten Herden, bestimmen, wo die Tiere grasen, sprechen Recht. Da sie nicht selbst für ihre riesigen Herden sorgen können, verpachten sie Tiere an treue Untergebene oder Verwandte. Diese dürfen die Milch nutzen, neugeborene Kälber müssen sie an den Chief zurückgeben, dessen Herden so immer größer werden.

Die unterste Schicht bilden jene, die keine Rinder besitzen. Sie bewachen die Herden der Viehbesitzer, verscheuchen Vögel von den Feldern und erhalten dafür Milch und andere Nahrungsmittel. Für treuen Dienst können sie mit Rindern belohnt werden und so sozial aufsteigen. Heiraten kann ein Mann nur, wenn er Rinder an die Familie der Braut zahlen kann.

Annähernd eine Million Menschen bewohnen im 19. Jahrhundert wohl die Region zwischen dem Indischen Ozean im Osten, der Kalahari im Westen und dem Einzugsgebiet des Limpopo im Norden. Sie leben in kleinen Gruppen zusammen, angeführt von Chiefs. Immer wieder streiten sie um Weideland, rauben ihren Konkurrenten Rinder.

Allzu blutig sind diese Konflikte selten: Droht ein Angriff durch eine stärkere Gruppe, kann der unterlegene Chief Rinder als Tribut abgeben oder versuchen, mit seinen Herden zu fliehen. Platz gibt es genug – zunächst auch an der fruchtbaren Ostküste, wo die Nguni siedeln, mehrere Gemeinschaften mit ähnlichen Sprachen.

Im frühen 19. Jahrhundert aber bleibt hier der Regen aus. Eine mehrjährige Dürre lässt das Gras in vielen Regionen vertrocknen. Die Chiefs müssen um Weideland kämpfen. Auch die Art, wie Krieg geführt wird, verändert sich. Das liegt nicht zuletzt an einem Mann: Shaka Zulu.

Ein altes Ritual formt junge Männer zu SOLDATEN

Geboren wohl 1787, wächst der Sohn eines unbedeutenden Chiefs im Hinterland der Küste auf. Die Herrscherfamilie nennt sich Zulu, was Blitz oder auch Himmel bedeutet. „Er, der der Himmel ist" lautet ein Ehrentitel des Chiefs.

1816 folgt Shaka Zulu seinem Vater als Anführer. Seinen Halbbruder, den eigentlichen Thronfolger, lässt er wohl umbringen. Die Zulu unterstehen einer mächtigeren Herrscherfamilie, zahlen Rinder als Tribut. Um die Abhängigkeit zu beenden, braucht Shaka zwei Dinge: Soldaten und Vieh.

Die Kämpfer verschafft er sich mithilfe eines alten Rituals, des *amabutho*. Dabei ziehen sich Jungen von etwa 16 oder 17 Jahren mit einem älteren Lehrer in die Wildnis zurück. Dort leben sie als Gruppe zusammen, werden beschnitten, lernen wohl auch zu jagen. Ab einem bestimmten Alter dürfen sie heiraten und sich einen Ring in die Stirnhaare einflechten, gelten von diesem Zeitpunkt an als Erwachsene.

Doch einige Chiefs nutzen das Amabutho vor allem zur Ausbildung von Kriegern. Die Jugendlichen lernen, zu marschieren und zu kämpfen. Aus dem Ritual wird eine Soldatenschmiede. Shaka schließlich verlängert die Ausbildung sogar um mehrere Jahre – und führt neue Kampftechniken ein.

Menschen der Region greifen damals normalerweise aus der Entfernung an, indem sie Wurfspeere auf den Gegner schleudern. Zum Nahkampf kommt es nur selten. Shaka aber lässt die Männer mit einem kurzstieligen Speer ins Gefecht ziehen. Sie warten, bis die Feinde ihre Speere geschleudert haben, ducken sich hinter ihren Schilden aus Rinderhaut. Dann stürmen sie der gegnerischen Formation entgegen und stechen mit ihren Kurzspeeren zu. Wer ohne Blut an der Speerspitze zurückkehrt, gilt als Feigling.

Innerhalb einiger Jahren gelingt es Shakas Armee, mehrere Gruppen in der Umgebung zu unterwerfen und ihr Vieh zu übernehmen. Mit den erbeuteten Rindern kann Shaka wiederum seine Soldaten belohnen und neue Kämpfer von anderen Gruppen anwerben.

°

WOHL 1818 FORDERT SHAKA einen der mächtigsten Chiefs der Region heraus, Zwide, der im Nordosten Südafrikas, nahe dem heutigen Mosambik, über die Ndwandwe, eine Untergruppe der Nguni, herrscht. Als die große Streitmacht von Zwide ausrückt, zieht Shaka sich zurück, lässt die eigenen Felder abbrennen und das Vieh in Sicherheit bringen – so hinterlässt er nichts, was das gegnerische Heer ernähren könnte. Als Zwides Kämpfer vom Hunger geschwächt sind, überfallen Shakas Ver-

BRUTAL RINGT Shaka (links) andere Clans nieder: Seine gut ausgebildeten Krieger töten Feinde oft aus nächster Nähe mit ihren Kurzspeeren. Doch der Zulu-König herrscht zunehmend despotisch – und bringt so auch die eigenen Leute gegen sich auf

bände sie, töten viele und schlagen die anderen in die Flucht.

Gleichzeitig lässt Shaka zwei seiner Amabutho-Trupps einen Überraschungsangriff auf Zwides Hauptstadt ausführen. Mitten in der Nacht rücken sie vor, so erzählen es später Überlebende und deren Nachkommen, singen ein Siegeslied des Gegners. Die Einwohner denken, dass ihre Soldaten nach Hause kehren. Als die Zulu-Kämpfer in die Siedlung gelangt sind, töten sie jeden, der sich ihnen entgegenstellt, spießen angeblich auch Frauen und Kinder auf Pfählen auf. Um den Gegner endgültig zu unterwerfen, hat Shaka seinen Männern womöglich befohlen, keine Gnade zu zeigen.

Mit dem Sieg steigt Shaka zum mächtigsten Herrscher der Region auf. Im Umkreis von etwa 150 Kilometern hat er alle anderen Chiefs unterworfen. Eine gemeinsame Identität soll die Herrschaft festigen: Shaka verkündet, dass alte und neue Untertanen gemeinsame Vorfahren haben und anderen Völkern überlegen seien. Die Menschen beginnen wohl mehr und mehr, sich mit den Zulu zu identifizieren und sich auch selbst so zu nennen. Shaka ist nicht mehr nur ihr Chief, er herrscht wie ein König über viele andere Chiefs. Seine militärische Stärke ist enorm: Das Heer des Reichs zählt 10 000, vielleicht auch 15 000 Soldaten, in Friedenszeiten hüten sie seine Rinder.

Abertausende Kühe, Kälber, Bullen und Ochsen haben die Zulu erbeutet oder als Tribut erhalten. Shaka errichtet im Zentrum seiner Hauptstadt einen riesigen Kraal. Dort hält er täglich Hof, präsentiert Soldaten und Rinder bei Paraden. Seine Veteranen und Vasallen beschenkt er mit Rinderherden, fordert im Gegenzug uneingeschränkten Gehorsam. Als ein Soldat ihn nach einer größeren Belohnung für sein Regiment fragt, lässt Shaka ihn und alle Krieger aus seiner Einheit töten.

Um seine Herrschaft zu erhalten, braucht Shaka immer neue Rinder, die er an Untertanen verteilen kann. Etliche Chiefs in angrenzenden Gebieten flüchten vor seine Speerkämpfern. Viele retten

MIT EINEM TANZ feiern Zulu einen Jagderfolg, dargestellt von einem englischen Zeichner, der die Region in den 1840er Jahren bereist. Von Shakas Reich erfahren die Briten in der Kapkolonie aber zunächst nur wenig

VON DER REGION um Kapstadt (oben), die seit 1806 dauerhaft in britischer Hand ist, stoßen die Europäer immer weiter ins Land vor. Unter Shakas Nachfolgern wird schließlich auch das Reich der Zulu an sie verloren gehen

sich mit ihren Leuten in das Highveld, das Hochland im Inneren Südafrikas. Doch auch dort leben bereits Menschen. Die Geflüchteten und die Eingesessenen kämpfen bald um Weideland, Räuberbanden ziehen umher. Wenn einer Gruppe das Vieh genommen wird, gleicht das einem Todesurteil, vor allem während einer Dürre. Viele verhungern.

Die Kriege und Raubzüge führen zu neuen Vertreibungen, und die wiederum zu neuen Kämpfen. Die Auswirkungen sind bis tief in den Kontinent hinein zu spüren. So zieht eine Gruppe über das heutige Simbabwe Tausende Kilometer bis nach Tansania.

Gegen die Gewalt schützen vor allem starke Anführer. In etlichen Teilen des südlichen Afrikas unterwerfen sich Chiefs und Gruppen der Herrschaft eines Königs, formen so größere Reiche mit größeren Armeen. Mzilikazi etwa, zeitweise Militärführer unter Shaka, mit dem er sich dann aber überwirft, zieht mit einigen Gefolgsleuten nach Norden bis jenseits des Flusses Vaal, wo er ein großes, zentralisiertes Staatsgebilde errichtet.

Der Sotho-Chief Moshoeshoe wiederum kann sich 1824 mit seinen Anhängern auf einem Bergplateau im Landesinneren verschanzen und begründet dort das spätere Königreich Lesotho.

°

DERWEIL BEKOMMEN DIE Europäer, deren Siedlungen am Kap der Guten Hoffnung mehr als 1300 Kilometer vom Zulu-Reich entfernt liegen, zunächst recht wenig von den Umwälzungen mit. 1806 haben die Briten dauerhaft die Herrschaft in der von Niederländern gegründeten Kapkolonie übernommen. Neben den Niederländisch sprechenden Siedlern, von den Briten herablassend „Buren" (englisch *boers*, vom niederländischen Wort für Bauern) genannt, kommen fortan immer mehr Einwanderer aus Großbritannien in Südafrika an.

Wohl ab 1820 erfahren auch die weißen Siedler zunehmend von Shaka und seiner Macht. Und manche britischen Kaufleute versprechen sich gute Geschäfte mit dem Zulu-König. 1824 segeln zwei Schiffe unter der Führung eines englischen Elfenbeinhändlers die Ostküste entlang. Sie landen in einer Bucht, von der aus sich eine Expedition aufmacht, um Shaka zu treffen.

Nach etlichen Tagen erreichen die Männer, unter ihnen Henry Francis Fynn, der einen Bericht über seine Erlebnisse verfassen wird, Shakas Hauptstadt. Der Herrscher lädt sie zu einer Audienz in seinen Kraal, lässt für sie zwei Ochsen schlachten und serviert ihnen Bier aus Sorghum. Er interessiert sich für die Gewehre, die die Briten bei sich tragen, lässt sie aus unterschiedlichen Distanzen auf Rinder schießen und später sogar auf einen Elefanten. Durch einen Glückstreffer sackt das Tier nach nur einem Schuss zusammen.

Shaka ist beeindruckt, doch er lässt die Briten durch den Dolmetscher wissen, dass er den Nahkampf mit dem Speer für wirksamer hält. Der Herrscher weiß es allerdings wohl besser, möchte vermutlich seine verängstigten Untertanen beruhigen. Den Briten erlaubt er, in der Landebucht einen Handelsstützpunkt zu gründen, den sie Port Natal nennen. Die weißen Männer will er als Verbündete gewinnen und lernen, wie sich ihre Feuerwaffen herstellen lassen.

Trotz seiner militärischen Erfolge fürchtet Shaka um seine Macht – und regiert immer despotischer. Als seine Mutter 1827 stirbt, verbietet er seinen Untertanen, die nächsten drei Monate Milch zu trinken, und kündigt eine einjährige Staatstrauer an, währenddessen es keine Schwangerschaften geben dürfe. Wer dagegen verstößt, den lässt er hinrichten. Täglich, so wird später erzählt, schlagen seine Henker im Kraal der Hauptstadt mit Knüppeln Schädel ein oder brechen Verurteilten den Hals. Auch als die Staatstrauer vorbei ist, gehen die Exekutionen weiter. Shaka herrscht mit Terror.

Obwohl er das Bett mit vielen Konkubinen teilt, möchte er keine Nachkommen zeugen – er fürchtet wohl die Rebellion eines potenziellen Nachfolgers. Wird eine der Frauen schwanger, verbannt er sie oder zwingt sie, Kräutermixturen zu schlucken, eine Abtreibung, die häufig tödlich für die Betroffene endet. Sein Wahn wird wohl auch durch *dagga* – ein einheimisches Cannabisprodukt – oder das Opium befördert, das ihm britische Händler liefern. Und so bringen die Willkür und die Gewalt,

Interne MACHTKÄMPFE spielen den Europäern in die Hände

die seine Stellung sichern sollen, Shakas Untertanen zunehmend gegen ihn auf.

1828 lässt er seine Armee für einen Beutezug in den Norden marschieren und bleibt selbst in seiner neuen, erst im Vorjahr gegründeten Hauptstadt zurück. Eine Gruppe von Verschwörern, darunter seine Halbbrüder Dingane und Mhlangana, nutzt die Chance für einen Putsch. Sie lauern Shaka auf und stoßen ihm ihre Speere in den Leib. Niemand eilt dem Herrscher zu Hilfe. Kurz bevor er stirbt, prophezeit der Getroffene laut einer Legende, dass der weiße Mann bald die ganze Region unterwerfen werde. Shakas Leiche lassen die Täter in eine Ochsenhaut wickeln und ehrerbietig mitten im Viehgehege begraben, bei seinen Rindern.

Von seinen Untertanen trauert kaum jemand um den toten Despoten. Zum neuen König wird Dingane erklärt.

Doch Shakas angebliche Prophezeiung wird sich bald erfüllen. Ab 1835 verlassen Tausende Buren die Kapkolonie, um sich der britischen Herrschaft zu entziehen. Die später *Voortrekkers*, niederländisch für „Pioniere“, genannten Männer, Frauen und Kinder ziehen mit ihren Planwagen und Viehherden ins Binnenland, wo sie eine neue Heimat zu finden hoffen. Viele von ihnen führt der Weg in das Land der Zulu.

Dingane ahnt, welche Gefahr von den weißen Neuankömmlingen ausgeht. Zunächst verhandelt er, aber dann lässt er deren Gesandtschaft niedermachen und Lager der Voortrekkers überfallen, seine Kämpfer massakrieren ganze Familien. Doch als er Monate später abermals ein Burenlager angreift, werden seine Truppen vernichtend geschlagen, Tausende Zulu-Kämpfer sterben bei der Schlacht am Fluss Ncome, der fortan den Namen „Blutfluss“ trägt.

1839 entzweien sich zudem Dingane und sein Bruder Mpande. Mit Tausenden Soldaten und Rindern bricht Mpande von seinem Bruder los und verbündet sich mit den Voortrekkers, die ihn als neuen Zulu-König anerkennen und Truppen für seine Rebellion stellen. Dafür muss er Siedlungsland an sie abtreten. Dingane flieht 1840 nach mehreren Niederlagen in den Norden. Von allen Truppen verlassen, findet ihn angeblich ein verfeindeter Krieger der Swazi und tötet ihn.

Mpande herrscht fortan im Kernland des Zulu-Reiches, die einst von Shaka eroberten Gebiete südlich des Flusses Tugela fallen jedoch an die Europäer. Zunächst viele Buren und dann, nachdem das Empire die Gegend 1843 annektiert hat, Tausende Briten siedeln sich hier an, den Handelsstützpunkt

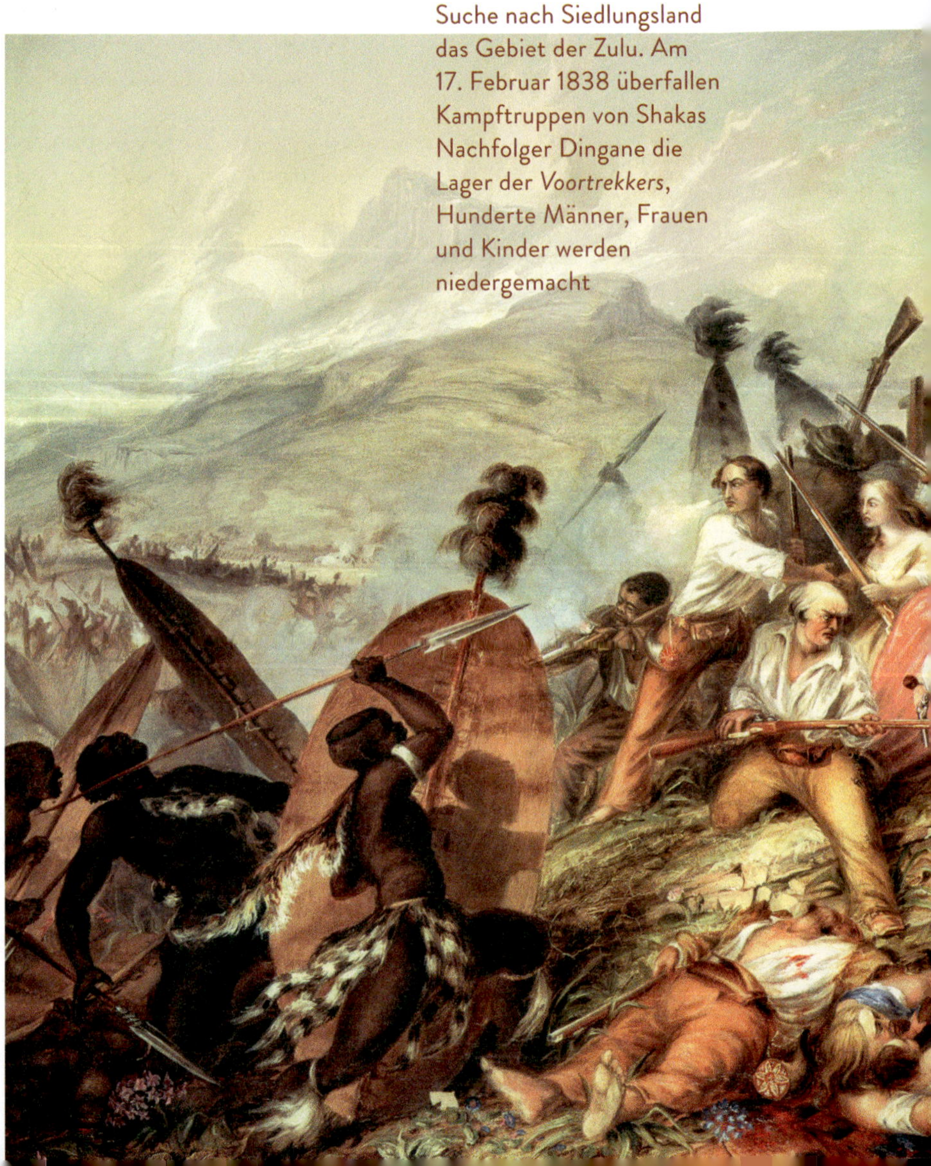

AB 1837 ERREICHEN Tausende Buren auf der Suche nach Siedlungsland das Gebiet der Zulu. Am 17. Februar 1838 überfallen Kampftruppen von Shakas Nachfolger Dingane die Lager der *Voortrekkers*, Hunderte Männer, Frauen und Kinder werden niedergemacht

Port Natal an der Küste bauen sie zu einer Hafenstadt aus, die heute als Durban bekannt ist.

Als die Briten im Lauf des 19. Jahrhunderts ihre Herrschaft in Südafrika immer weiter ausdehnen, wenden sie sich auch gegen das verbliebene Zulu-Reich unter König Cetshwayo, einem Neffen Shakas. Zwar erleiden die Truppen des Empire im Januar 1879 bei der Schlacht von Isandlwana eine schmähliche Niederlage, doch im Lauf des Jahres können sie Cetshwayos Soldaten niederringen. 1887 wird das Gebiet zum britischen Protektorat erklärt und zehn Jahre später der Kolonie Natal angefügt. Das von Shaka begründete Reich der Zulu hat endgültig aufgehört zu existieren.

Die Taten Shaka Zulus aber werden die Südafrikaner noch lange beschäftigen. Weiße Historiker in Südafrika und Großbritannien beginnen sich ab Ende des 19. Jahrhunderts für den König und das Chaos zu interessieren, das angeblich allein durch seine brutale Herrschaft ausgelöst wurde. In den 1920er Jahren dann kommt für die Zeit zwischen etwa 1810 und 1840 der Begriff „Mfecane“ auf, eine wohl aus Wörtern verschiedener Bantu-Sprachen zusammengezogene Bezeichnung, die etwa „Zerquetschung“ oder „Entwurzelung“ bedeuten soll.

In den Erzählungen solcher Historiker ist es der blutrünstige schwarze Tyrann Shaka, der mit seinen Kriegen für Millionen Tote und verlassene Landstriche sorgt. Gebiet, das die Europäer als Friedensmacht besetzen konnten – eine haltlose Rechtfertigung für den Kolonialismus bis hin zur Apartheid.

Erst im Laufe des 20. Jahrhunderts forschen Historiker genauer nach: Shaka mag ein Despot gewesen sein, zum Mfecane aber trugen viele Chiefs bei, zudem Faktoren wie Dürren und nicht zuletzt die zunehmende Einflussnahme der Europäer im südlichen Afrika.

°

SHAKAS MYTHOS ALS übermächtiger Figur aber tut das keinen Abbruch. Jedes Jahr am 24. September, der als Shakas Todestag zelebriert wird, halten Politiker Kundgebungen ab, dort, wo man glaubt, dass einst Shakas Kraal stand, in dem er begraben wurde. In Reden erinnern sie an die Stärke der Zulu und ihres Anführers, werben um Wählerstimmen jener gut 20 Prozent der Südafrikaner, die sich heute als Zulu identifizieren.

Die meisten leben in der Provinz KwaZulu-Natal, auf deren Territorium sich einst Shakas Reich befand. Und noch immer besitzen viele von ihnen Rinder. Ab und an hört man dort vermutlich ein altes Zulu-Sprichwort: „umnumzane ubonakala ngesibaya sakhe“. Sinngemäß: Je größer das Viehgehege, desto höher der Status des Mannes. ◊

LITERATURTIPPS

ELIZABETH A. ELDREDGE
»The Creation of the Zulu Kingdom, 1815–1828«
Große Studie zu Shaka Zulus Aufstieg (Cambridge University Press).

NORMAN ETHERINGTON
»The Great Treks – The Transformation of Southern Africa, 1815–1846«
Standardwerk über eine Zeit des Wandels (Longman).

IN KÜRZE

Um 1820 errichtet der Chief Shaka Zulu an der von der Rinderzucht geprägten Ostküste Afrikas ein gewaltiges Reich. Seine Herrschaftsausdehnung sowie der Aufstieg weiterer mächtiger Anführer und nicht zuletzt der wachsende Einfluss der Europäer entfachen Kriege, verdrängen ganze Völkerschaften – und verändern die Region so für immer.

DIE VORHERSAGEN der jungen Nongqawuse (hier auf einer Fotografie, die eine britische Offiziersfrau 1858 von ihr machen lässt) sind für große Teile der Xhosa der Anlass, ihre Tiere zu opfern, die Vorräte zu zerstören – doch die versprochene Erlösung bleibt aus: Etwa 40 000 Menschen verhungern

TÖDLICHE PROPHEZEIUNG

Die Xhosa leiden Not, als eine 16-Jährige aus ihrer Mitte von hoffnungsvollen Visionen berichtet: Um gerettet zu werden, müssten die Verzweifelten ihr Vieh töten und alles Getreide vernichten. Viele glauben der Verheißung – mit verheerenden Folgen

TEXT: *Jakob Bauer*

Der Februar des Jahres 1857 hat gerade begonnen, als die ausgemergelten Hirten der Xhosa das letzte Vieh zusammentreiben. Einen engen Ledergürtel um den Bauch, der den Magen zusammenschnüren und so ihren nagenden Hunger bändigen soll, stoßen sie den Rindern die Klinge in den Hals. Neben den Pfaden verwesen bereits Kadaver dicht an dicht.

Dann holen die Männer die Reste ihres Getreides aus den Hütten und leeren Krug nach Krug in den Staub.

Nur wenn sie alles opfern, kann das Elend enden. So hat es ihnen Nongqawuse, die 16-jährige junge Frau aus ihrer Mitte, prophezeit: Erst wenn das letzte Rind verendet sei, das letzte Korn verschüttet, würden die weißen Eindringlinge verschwinden, die ihnen ihr Land nehmen, würden neue Herden wohlgenährter Tiere auftauchen. Nongqawuse scheint den Xhosa einen Ausweg aus dem sicheren Untergang zu bieten – und löst so eine Welle der Zerstörung aus, die ihr Volk endgültig in die Knechtschaft reißen wird.

Seit einigen Jahrhunderten treiben die Xhosa da schon ihre Tiere zu ihren angestammten Weideplätzen. Rinder sind für die Hirten und Bauern das wichtigste Gut, ihre Milch und ihr Fleisch nähren sie, ihr Besitz verleiht gesellschaftlichen Status. Die Xhosa leben östlich der Kolonie, die die Niederländer Mitte des 17. Jahrhunderts am Kap der Guten Hoffnung gegründet haben. Um 1770 liefern sie sich erste Kämpfe mit den weißen Siedlern um Vieh und Weidegründe. Unter der Herrschaft der Briten, die sich 1806 als neue Herren der Kolonie etablieren, verschärft sich die Situation: In mehreren grausamen Kriegen rauben die Briten den Xhosa große Gebiete, töten Tausende.

Dazu kommt ab 1855 ein unsichtbarer Feind: Über einen Viehtransport aus Europa eingeschleppt, gelangt die Lungenseuche, eine Rinderkrankheit, ins Gebiet der Xhosa, lässt mehr als 100 000 Tiere verenden. So wächst unter den Xhosa die Verzweiflung, bis im April 1856 eine Geschichte Hoffnung verbreitet. Nongqawuse, eine junge Frau aus dem Herrschaftsgebiet des bedeutenden Xhosa-Chiefs Sarhili, erzählt, beim Bewachen eines Feldes verstorbenen Ahnen begegnet zu sein, die ihr Prophezeiungen verkündet hätten. Den Xhosa, so hätten sie ihr gesagt, stehe eine glänzende Zukunft bevor: Die gefallenen Kämpfer ihres Volkes würden bald auferstehen und die Invasoren hinwegfegen; mit sich würden sie Rinder führen, groß und prächtig wie keine zuvor. Dafür müssten die Xhosa allerdings erst die Spuren der verfluchten Gegenwart tilgen: Alles Vieh sollen sie schlachten, alles Getreide vernichten.

Für die Xhosa ist der spirituelle Austausch mit den Vorfahren nichts Ungewöhnliches. Die Seuche, die ihre Tiere dahinrafft, deuten viele von ihnen als Botschaft der Ahnen: Die seien beunruhigt über das Schicksal der Xhosa, über Unmoral und Hexerei, die das Volk verderbten. Zugleich haben Krieg und Seuche die Menschen zermürbt. Was haben sie noch zu verlieren, wo das Ende ohnehin so nahe scheint?

Zunächst beginnen die Xhosa im Einflussgebiet Chief Sarhilis, Rinder zu schlachten, bald aber auch benachbarte Gruppen. Manche strafen damit wohl zugleich ihre eigene Oberschicht, der die meisten Tiere gehören: Die Anführer und ihre Vertrauten haben sich als unfähig erwiesen, ihr Volk zu schützen. Auch wenn einige Herrscher dem Töten widersprechen – aufhalten können sie es nicht. Insgesamt rund 400 000 Tiere sterben. Dazu verwüsten viele Xhosa ihre Felder, verschütten ihre Getreidevorräte.

Nach zermürbendem Warten sollen Mitte Februar 1857 endlich gesunde Herden wiederauferstehen, so hat es Nongqawuse verkündet. Bis zuletzt zeigt sich die junge Frau von ihren Vorhersagen überzeugt. Doch der Termin verstreicht. Und nach den Rindern sterben die Menschen. Der Hunger rafft wohl rund 40 000 Menschen hinweg. Weitere Zehntausende Xhosa fliehen in die Kapkolonie, um der Not zu entkommen, müssen fortan in Diensten der weißen Siedler schuften.

Nongqawuse überlebt, fällt aber kurz darauf den Briten in die Hände. Für kurze Zeit sitzt sie in einem Frauengefängnis in Kapstadt, um 1859 verliert sich ihre Spur in den offiziellen Dokumenten. Es wird erzählt, sie habe schließlich auf einer abgelegenen Farm Unterschlupf gefunden, geheiratet und zwei Töchter bekommen. Eine sehr nette alte Dame sei sie gewesen, berichtet ein angeblicher Großneffe Jahrzehnte später.

Bis zu ihrem Tod habe sie jeden, der ihr noch zuhören wollte, gewarnt: Allzu bald werde der Zorn Gottes über die Menschen fegen – und alle Sünder strafen. ◊

um 1895

Kimberley

STADT der GLÜCKS

GRÄBE

Als Edelsteinjäger im zentralen Südafrika um 1870 Rohdiamanten entdecken, setzt ein gewaltiger Rausch ein: Tausende Hasardeure stürmen in die Gegend, bevölkern eine Siedlung, die wie aus dem Nichts zum Moloch wuchert. In ihrer Gier nach den funkelnden Kostbarkeiten reißen die Menschen die Erde auf – und errichten bald ein gnadenloses System der Ausbeutung

TEXT: *Frank Otto*

METER UM METER wühlen sich die Diamantensucher ins Erdreich, sprengen tiefer liegendes Gestein. Schließlich tut sich eine der mächtigsten von Menschenhand geschaffenen Gruben der Welt auf: das »Big Hole« von Kimberley

E

Ein ungeheures Loch klafft inmitten der Stadt, mehr als 150 Meter tief und am oberen Rand fast einen halben Kilometer im Durchmesser. Steile Hänge führen hinab. An manchen Stellen sind Sandlawinen in den Krater gestürzt. Ein finsterer Ort auch am helllichten Tag, denn die schroffen und zerklüfteten Wände bestehen aus grauem und schwarzem Fels, Basalt, Schiefer, Quarzit.

Es wirkt, als wäre hier vor Urzeiten ein Meteorit eingeschlagen. Doch das „Big Hole", das um 1895 im Boden von Kimberley gähnt, ist nicht von kosmischen Kräften geschaffen, sondern von Menschen gemacht. Zu Tausenden haben sie sich mit Schaufeln, Spitzhacken und Sprengstoff immer weiter in den Boden gewühlt, Zentimeter um Zentimeter, Erdschicht um Erdschicht, haben dabei Millionen Tonnen Gestein ausgegraben. Getrieben von der Gier nach einem der kostbarsten Schätze der Natur: Diamanten.

Der extrem seltene Edelstein ähnelt zerbrechlichem Glas – und ist doch die härteste natürliche Substanz überhaupt. Kristallisierter Kohlenstoff, erzeugt über Jahrmillionen im Erdinnern in Tiefen von mehr als 120 Kilometern, bei einer Hitze von bis zu 1300 Grad Celsius und einem Druck, der rund 50 000-mal stärker ist als der Luftdruck an der Oberfläche. Das Magma ausbrechender Vulkane hat die Mineralklumpen in eine Höhe befördert, in der sie von Menschen gefunden und abgebaut werden können. Geschliffen wird ein hochwertiger Diamant zum Prisma, in dem sich das Licht bricht und in allen Regenbogenfarben funkelt. Rein und durchsichtig ist er. Die perfekte Schönheit. Und die Ursache der grotesken Hässlichkeit des Big Hole von Kimberley.

Doch noch eine weitere Monstrosität entwächst dem Diamantenabbau dort: Die Schufterei in den Minen leisten vor allem schwarze Bergleute. Die Besitzer der Gruben aber, allesamt Weiße, sind besessen von der Furcht, ihre Arbeiter könnten die meist winzigen, gut zu versteckenden Rohdiamanten stehlen. Und so ersinnen die Konzernlenker ein Regime der Kontrolle und Knechtschaft der Schwarzen, das zum Vorläufer jenes „Apartheid"-Systems gerät, das im 20. Jahrhundert ganz Südafrika prägen wird.

Anfang der 1870er Jahre steht dort, wo später das Big Hole klafft, noch ein Hügel: der Colesberg Kopje auf der Farm von Johannes de Beer, gelegen im staubigen Buschland nahe dem Fluss Vaal, in der Mitte des heutigen Südafrika. Hier in der Gegend hatten Bewohner bereits 1866 durch Zufall einige Diamanten an einem Flusslauf entdeckt. Obwohl selbst namhafte europäische Geologen zunächst bezweifeln, dass es überhaupt nennenswerte Vorkommen der Edelsteine in der Erde Südafrikas geben kann, häufen sich die Funde. 1869 schließlich stößt ein Farmarbeiter in einem Flussbett auf einen großen Diamanten mit einem Gewicht von 83 Karat. Nun wühlen immer mehr Menschen im Boden, in der Hoffnung auf schnellen Reichtum.

Am 17. Juli 1871 finden Edelsteinsucher auf dem Hügel des Colesberg Kopje gleich mehrere Diamanten. Und schnell wird klar: Hier im Erdreich muss sich eine gewaltige natürliche Lagerstätte befinden. Die Nachricht verbreitet sich, Zeitungen berichten. Ein regelrechter Rausch bricht los: Angezogen von der Aussicht auf Kostbarkeiten, machen sich unzählige Bewohner der Kapkolonie und anderer Territorien im südlichen Afrika, Buren und Briten, Schwarze und Coloureds, auf den Weg, reisen in Ochsen- und Maultierkarren oder zu Pferd an. Ihnen folgen Abenteurer von weit her, Amerikaner, Australier, Engländer, Deutsche.

Binnen weniger Monate kommen Zehntausende, lassen sich eigenmächtig auf dem Farmland in der Umgebung nieder. Die Bauern, die anfangs versuchen, die Ankömmlinge zu vertreiben, kapitulieren vor dem Ansturm zu allem entschlossener Glückssucher. Johannes de Beer etwa, auf dessen Boden der Colesberg Kopje liegt, veräußert seine 6600-Hektar-Farm an eine Gruppe südafrikanischer Kaufleute für die stattliche Summe von 6000 Pfund.

Ende 1871 siedeln bereits fast 50 000 Menschen in der Gegend, etwa so viele wie in Kapstadt, Südafrikas Metropole. Doch der neu entstandene Ort ist keine Metropole; er ist ein wildes Gebilde, ein schmutziges Chaos. Die Menschen hausen in mit Planen bedeckten Verschlägen, Zelten oder unter freiem Himmel. Die Zufahrtswege sind gesäumt von Kadavern toter Zugtiere, die vor Erschöpfung umgefallen sind und einfach liegen gelassen wurden. Gräben dienen als öffentliche Latrinen. Die Exkremente sickern ins Grundwasser, bald sind die Brunnen verseucht, eine Krankheit, die sie „Lagerfieber" nennen, bricht aus. Gemeint ist meistens die Durchfallerkrankung Ruhr, doch mitunter kommen andere Leiden hinzu: Malaria, Typhus, Tuberkulose, Syphilis, Pocken.

Überall sitzen Fliegen. Im Sommer wird die aschgraue Ebene zum Glutofen, im Winter sind die Nächte bitterkalt. Sandstürme reißen immer wieder die selbst gezimmerten Behausungen weg und verdunkeln die Tage.

BINNEN WENIGER Monate entsteht auf ehemaligem Farmland eine riesige Ansammlung von Zelten und eilig gezimmerten Hütten. Die hygienischen Zustände sind katastrophal. Denn allen geht es nur um eines: das Aufspüren der Edelsteine

EIN GROSSTEIL der Diamantenschürfer in Kimberley sind Weiße. Doch sie bedienen sich der Arbeitskraft von Schwarzen, die – wie diese Gruppe – in großer Zahl ebenfalls in die Region streben

DIE NEUE SIEDLUNG: EIN CHAOS

DIAMANTEN zählen zu den kostbarsten Naturschätzen, bekannt für ihre funkelnde Perfektion. Zunächst aber müssen die noch ungeschliffenen Rohexemplare mühsam aus dem zerkleinerten Gestein gelesen werden

VIELE SUCHEN LANGE VERGEBENS

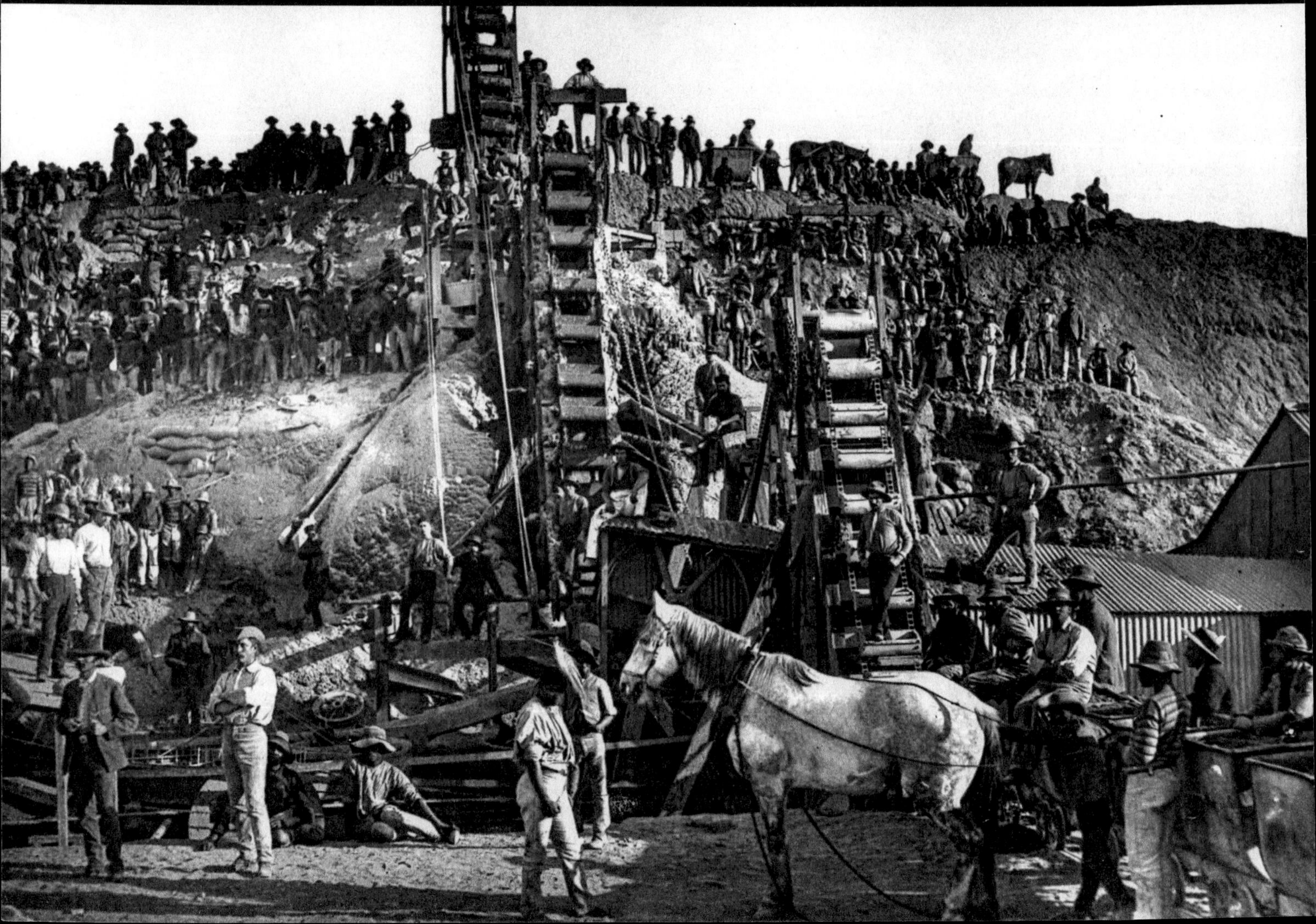

Vier nur wenige Kilometer voneinander entfernte Abbauareale sind bald in Betrieb. Das mit Abstand einträglichste Gelände ist das auf dem Colesberg Kopje, ein ovales Hügelgrundstück mit einer Länge von 200 und einer Breite von 160 Metern, unter dem der mit Gestein gefüllte Schlot eines längst erloschenen Vulkans senkrecht in den Boden führt – darin: das reichste Diamantenvorkommen der Welt. Der Status der lange unbedeutenden Region um die Fundorte hat sich gerade erst entschieden. Nun war sie umstritten zwischen dem burischen Oranje-Freistaat und den hier siedelnden Griqua, einer Gemeinschaft, die überwiegend aus einst in der Kapkolonie lebenden Khoikhoi hervorgegangen ist.

In diesen Konflikt schaltete sich ein britischer Kolonialbeamter als vermeintlich neutraler Schiedsrichter ein und sprach das Gebiet den Griqua zu. Deren Führer wiederum unterstellte sein Territorium – wohl einer Absprache nachkommend – den Briten, und so gehört die neue Siedlung hier ab Oktober 1871 zum British Empire. Wenig später wird sie nach dem britischen Kolonialminister John Wodehouse, Earl of Kimberley, benannt.

Wer auf dem Areal Diamanten suchen will, muss zunächst einen Claim erwerben, das Recht, auf einem kleinen Stück Land zu schürfen, das die Regierung gegen eine Gebühr erteilt. In 470 solcher Parzellen ist das Gelände am Colesberg Kopje aufgeteilt, je mit einer Standardgröße von 9,5 mal 9,5 Meter. Gibt ein Schürfer seine Stelle auf, wird sein Claim frei gehandelt, rasch zu Preisen von bis zu 4000 Pfund (nach heutigem Wert mehr als 340 000 Euro).

JE TIEFER die Arbeiter in das Erdreich vordringen, desto schwieriger wird der Abbau. Apparaturen helfen, das abgetragene Material aufzubereiten – etwa hier, in einer Grube östlich von Kimberley, eine Waschanlage für das diamanthaltige Gestein

Bald schon sieht der Colesberg Kopje löchrig aus wie ein überdimensionierter Termitenbau. Anfangs suchen die Diamantenjäger nur auf der Oberfläche: Bewegen sich, kauernd, langsam der aufgehenden Sonne entgegen, den Blick konzentriert auf den Boden geheftet, in der Hoffnung, dass dort etwas aufblitzt. Anschließend gehen sie in die Tiefe. Tragen mithilfe von Schaufeln, Spitzhacken und Eimern die oberste Schicht aus Kalkstein ab, zerkleinern das gewonnene Geröll und bringen es an den Rand der Mine, wo die Sortiertische stehen. Mehrmals wird der Abraum dort durch Siebe von unterschiedlicher Feinheit gegeben, wird anschließend alles genau inspiziert, was in den Maschen hängen bleibt. Euphorie setzt ein, sobald dabei einer jener unscheinbaren, transparenten, kristallartigen Steine auftaucht, denen hier alles Streben gilt: Rohdiamanten.

Unterhalb des Kalksteins stoßen die Schürfer in einigen Metern Tiefe auf eine gelbbraune Schicht, die aussieht wie getrockneter Schlamm – und noch mehr Edelsteine birgt als die Kalkkruste.

Viele wühlen trotzdem wochenlang ohne einen einzigen Fund. Ein Engländer etwa berichtet, nach zwei Monaten habe sein Ertrag bei gerade einmal fünf britischen Pfund gelegen. Seine Investition in einen Viertel-Claim in der Höhe von 365 Pfund muss er abschreiben, niemand will das offensichtlich wertlose Stück Land haben. Höchst selten sind Erfolge wie der eines Niederländers, der morgens anreist, den Ochsen von seinem Karren abspannt, sofort zu graben beginnt, einen Riesendiamanten im heutigen Wert von 1,2 Millionen Euro findet, anspannt und noch am gleichen Tag wieder abfährt.

Ihre Funde verkaufen die Schürfer zumeist gleich an einen der Diamantenhändler, die in großer Zahl durch die Mine streifen. Oft junge Männer, denen – wie ein Beobachter etwas geringschätzig anmerkt – körperliche Arbeit zuwider sei, die aber über einen ausgeprägten Geschäftssinn verfügten. Die Händler sind häufig ehemalige Schürfer oder südafrikanische und ausländische Kaufleute. Die erfolgreichsten unter ihnen haben ihre Büros in Zelten auf der Main Street eingerichtet. Zeigen ihren neu erworbenen Reichtum, wenn sie die Kunden in Samtjacketts, weißen Cord- oder Lederhosen, glänzenden Stiefeln und Silbersporen empfangen. Die weniger Glücklichen des Metiers machen die mühsame Runde durch die Claims, um den Diamantengräbern deren Ausbeute gleich vor Ort abzukaufen, oder sie betreiben ihre Geschäfte in Bars und Lokalen.

Rund um die Minen locken zahllose derartige Etablissements, häufig übel beleumundete Spelunken, vor denen morgens die Schnapsleichen herumliegen, Opfer des „Cape Smoke", eines billigen, oft gepanschten und sehr starken Brandys. In mehreren Spielhöllen sitzen elegante Zocker neben solchen, die in ihren Arbeitsklamotten direkt aus der Mine kommen, dicke Geldbündel in der Hand.

Im Zentrum der Siedlung, in einem Durcheinander aus Zelten und Wellblechhütten, befindet sich der Markt. Jeden Tag drängen die Gespanne der Farmer, gezogen von bis zu 18 Ochsen, auf den Platz. Gemüse und Feuerholz haben die Landwirte im Angebot, Fleisch vom Springbock oder Gnu. Die Waren werden versteigert; dadurch schwanken die Preise stark. Andere Händler verhökern

UNTERIRDISCHE WERTE UM 1900

IN DEN WEITEN EBENEN um die Flüsse Oranje und Vaal sowie in den sich nördlich anschließenden Höhenzügen verbergen sich Südafrikas kostbarste Bodenschätze. Gut 15 Jahre nach den reichen Diamantfunden von Kimberley entdecken Menschen um 1885 auch die größten Goldvorkommen der Welt beim späteren Johannesburg, das wegen der Rohstoffvorkomen aus dem Boden gestampft wird

Bergbauausrüstung, Baumaterialien, Haushaltsutensilien. An einer Seite des Marktplatzes steht das wohl wichtigste Gebäude von Kimberley: die Börse, in der die Claims gehandelt werden.

Tausende schuften jeden Tag in den vier Minen, weiße Schürfer, ihre Frauen und Kinder – aber auch schwarze Arbeiter. Aus dem gesamten südlichen Afrika wandern Schwarze schon früh in großer Zahl nach Kimberley. Angehörige der Tsonga etwa legen von ihrem Gebiet nördlich des Limpopo mehr als 1500 Kilometer zurück, einige von ihnen zu Fuß. Ihre Heimatregion wird von Wirtschaftskrise, Dürre und Heuschreckenplagen heimgesucht. Hier auf den Diamantenfeldern hingegen gibt es genug Arbeit. Die meisten Schwarzen verpflichten sich als Angestellte und Hilfskräfte der vielen weißen Schürfer. Nach britischem Recht könnten sie zwar auch einen Claim erwerben – doch die weißen Diamantengräber tun alles, um dies zu verhindern, stellen etwa für ihre Minen interne Ausschlussregeln auf, denen sich zu widersetzen nur wenige Schwarze wagen.

Auf den Diamantenfeldern herrscht gnadenlose Disziplin, aufrechterhalten durch den dauernden Einsatz von Peitschen aus Nilpferdleder. Damit die schwarzen Arbeiter nicht einfach vor einem brutalen Chef fliehen, sind sie einem Passzwang unterworfen: Jeder von ihnen, der nach Kimberley kommt, muss sich als Erstes in einem eigens dafür geschaffenen Amt registrieren lassen. Sobald er bei einem Arbeitgeber angeheuert hat, stellt der ihm einen Pass aus, in dem Name, Lohn und der Minenbesitzer aufgeführt sind. Das Dokument ist stets bei sich zu tragen. Wer ohne es erwischt wird, dem drohen Geldstrafe, Gefängnis oder – die übliche Sanktion – Auspeitschen. Polizisten kontrollieren scharf in der Stadt und auf den Minenfeldern. Und Gerichte machen kurzen Prozess.

Bereits im November 1871 haben die Schürfer auch die gelbliche Erdschicht unter dem Colesberg Kopje vollständig abgetragen. In etwa 20 Metern Tiefe stoßen sie auf härteres, bläuliches Gestein. Jetzt müssen sie Schießpulver einsetzen, um weiterzukommen. Immer wieder stürzen dabei Minenwände ein, begräbt tonnenschweres Gestein Arbeiter unter sich. Die Dämme, die zwischen den vielen einzelnen Grablöchern durch das Gelände führen und auf denen die Transportwege verlaufen, fallen in sich zusammen. Woraufhin die Schürfer am Rand der Mine zahllose Holzgerüste mit Winden errichten. In Holzeimern, die an Seilen befestigt sind, können sie das abgetragene Gestein so an den Rand der Grube transportieren.

Sobald das Gestein in der gesamten Grube einigermaßen gleichmäßig abgetragen ist, werden die Claims abermals abgemessen, und die Schürfarbeit beginnt von Neuem.

Tiefer und immer tiefer. 100 Meter reicht das Loch Ende 1879 in die Erde. Doch schließlich geht es nicht mehr weiter. Die dauernden Einstürze und Überflutungen in der Regenzeit lassen den Abbau zunehmend unwirtschaftlich werden; manchmal muss die Mine für Monate geschlossen bleiben.

Eine andere Art von Abbau wird notwendig: sich nicht mehr von oben her im Tagebau auf breiter Fläche in die Erde wühlen, sondern neben den Lagerstätten der Diamanten einzelne senkrechte Bergwerksschächte bohren, von denen aus anschließend unter Tage waagerechte Gänge vorangetrieben werden; dazu der Einsatz von großen Maschinen zum Abtransport und Waschen des Gesteins sowie

EINE PFERDEBAHN verkehrt auf einer von Geschäften gesäumten Hauptstraße. Kimberley zählt bald zu den modernsten Städten weltweit. Als erster Ort auf der Südhalbkugel verfügt es bereits 1882 über elektrische Straßenbeleuchtung

DIE GEWONNENEN Diamanten bringen Wohlstand, mit dem Kimberley vom provisorischen Zeltlager zur bedeutenden Stadt reift. 1891 gastiert hier eine britische Rugby-Auswahl für ein Spiel gegen ein südafrikanisches Team

FORTSCHRITT KOMMT – UND STROM

UM DAS DIAMANTHALTIGE Gestein aus der Mitte des wachsenden Lochs der Kimberley-Mine an den Rand zu befördern, spannen die Edelsteinsucher unzählige Seile: Transporteimer gleiten an ihnen permanent hin und her

DER GRÖSSTE ABBAU WELTWEIT

DIE UNTERIRDISCHE Förderung der Diamanten ist technisch aufwendig – und so teuer, dass mächtige Kapitalgesellschaften das Geschäft übernehmen. Cecil Rhodes (rechts auf der Bank) gründet die einflussreichste Firma: De Beers

zum Abpumpen von sich sammelndem Wasser. Das alles allerdings können die Tausenden kleinen selbstständigen Minenunternehmer nicht mehr leisten. Denn dafür braucht es viel Geld. Geld, das nur finanzstarke Kapitalgesellschaften aufbringen können.

Zur bedeutendsten dieser neuen Aktiengesellschaften steigt die De Beers Mining Company auf. Ihr Gründer ist ein Pfarrerssohn aus der englischen Provinz namens Cecil Rhodes, der 1870 als 17-Jähriger nach Südafrika aufgebrochen war. Der Junge ist ebenso ehrgeizig wie clever, macht in Kimberley ein Vermögen als Verleiher von Wasserpumpen für die Gruben und als Eisverkäufer (ein Sixpence für ein Weinglas voll Eiscreme, ein Sixpence für ein Stück Kuchen dazu). 1880 gründet er De Beers, benannt nach dem Farmer, auf dessen Grund sich ein Teil der Minen einst befunden hatte. Das erklärte Ziel von Rhodes: Die gesamte Diamantengewinnung von Kimberley zu kontrollieren – und damit knapp 90 Prozent der weltweiten Förderung. Er wird es erreichen.

Rhodes erwirbt Claim um Claim vor Ort, übernimmt einen Konkurrenten nach dem anderen: 1872 waren noch 5000 vor allem kleine Unternehmen auf den Diamantenfeldern tätig. Mitte der 1880er Jahre sind es noch 100, darunter vier bedeutende. Und mit Hilfe des Bankhauses Rothschild schluckt sein Konzern schließlich auch den schärfsten Rivalen im Diamantenabbau für die gewaltige Summe von fünf Millionen Pfund.

Rhodes investiert zudem im Witwatersrand, jenem Höhenzug rund 450 Kilometer nordöstlich von Kimberley, in dem 1885 die reichste Goldader der Welt entdeckt wird – um so auch noch am zweiten Boom zu verdienen, der sich um Südafrikas Bodenschätze entwickelt.

Kimberley wandelt sich. Zur Finanzierung der Aktiengesellschaften entsteht in der Ebden Street eine neue, prächtige Börse. Die weiße Elite, erfolgreiche Schürfunternehmer, Kaufleute und die Vertreter der Kolonialmacht, wohnt seit 1875 in Ziegelsteinvillen im Vorort Belgravia. Ein prunkvolles Varietétheater bietet gehobenes Entertainment, im 1882 eröffneten Kimberley Club finden jeden Abend *dinners and dances* statt, bei denen die wohlhabendsten Bürger in eleganter Abendkleidung erscheinen. Ein Besucher bemerkt, hier gebe es mehr Millionäre pro Quadratfuß als irgendwo sonst auf der Welt. Der Junggesellenball bietet Gelegenheit zum schicklichen Kennenlernen. De Beers finanziert großzügig eine Pferderennbahn im Westen der Stadt.

Die High Society ist konservativ: Prostitution und Schnapsbuden werden verboten, Kirchen, Schulen und Anti-Alkoholiker-Vereine verdrängen Spelunken und Bordelle, eine Synagoge wird gebaut und eine öffentliche Bücherei. Arbeiter wässern regelmäßig die Straßen, gegen den Staub.

D

Die bessere Gesellschaft gibt sich gern britisch – Buren und Schwarze sind weitestgehend ausgeschlossen. Doch in den weniger feinen Wohnvierteln leben Menschen unterschiedlichster Herkunft, mitunter direkt nebeneinander: Ankömmlinge aus Europa, Muslime, unter ihnen auch Nachkommen von Sklaven, die einst aus Südostasien verschleppt wurden, Inder, weiße und schwarze Südafrikaner.

Unter den in der Stadt lebenden Schwarzen entsteht bald sogar eine kleine Mittelschicht: Zuwanderer aus anderen Landesteilen, ausgebildet an christlichen Schulen, die Arbeit etwa in der Verwaltung von Kimberley gefunden haben, als Lehrer oder Journalisten tätig sind. Ausgeschlossen von den Vereinigungen der Weißen, gründen schwarze Intellektuelle eigene Organisationen, treffen sich in Klubs oder Zirkeln, zum Zeitvertreib oder um einander zu helfen, veranstalten Leseabende, besuchen Shakespeare-Aufführungen im Theater. Geistliche wie der Reverend Gwayi Tyamzashe, der bereits seit den Anfangstagen in Kimberley weilt, werden als Vorbilder und moralische Instanzen über ihre Gemeinden

NACHDEM DER Tagebau kaum noch Erträge abwirft, lassen Unternehmer Bergwerksschächte in den Grund treiben. Die harte Arbeit unter Tage, wie hier in einer Goldmine, müssen zumeist Schwarze oder auch chinesische Wanderarbeiter verrichten

LOKALITÄTEN wie das »Theatre Royal« bieten gehobene Abendunterhaltung. Auch eine schwarze Mittelschicht prägt das kulturelle Leben der Stadt

hinaus verehrt. Britishness ist auch in diesen Kreisen das Ideal, nicht zuletzt wegen der Ausbildung durch britische Missionare, die viele der bürgerlichen Schwarzen erhalten haben, und so stehen sie der Kolonialmacht meist loyal gegenüber, verbinden deren Wirken mit Zivilisation und Fortschritt.

Kimberley wird unterdessen sichtbar modern. Das örtliche Hospital, einst eine karge Baracke, ist mehrfach aufwendig ausgebaut worden, hat ein Schwesternheim bekommen, eine Gebär- und eine Tuberkulosestation. Es gibt etliche Zeitungen, 350 Dampfmaschinen und 300 Kilometer Schienen für die Pferdestraßenbahn. Seit 1882 ist Kimberley die erste Stadt auf der südlichen Erdhalbkugel mit elektrischer Straßenbeleuchtung. Eine Telegrafenlinie und ab 1885 die Eisenbahn verbinden den Ort mit Kapstadt. Die früher wochenlange Reise in die Kapitale dauert jetzt nur noch 35 Stunden.

Doch das ist lediglich die polierte Oberfläche der Diamantenstadt. Denn unter Tage, in den Bergwerken, dort, wo immer noch das Vermögen der Siedlung aus dem Fels gehauen wird, spüren die Arbeiter die Fortschritte der Zivilisation kaum. Dort, wo es bis zu 34 Grad heiß ist. Wo man wegen der staubigen Luft nur schwer atmen kann. Wo wieder und wieder tödliche Unfälle geschehen.

Ab Mitte der 1880er Jahre gibt es so gut wie keinen überirdischen Abbau mehr. Die Kumpel suchen jetzt in Gängen, die bald mehrere Hundert Meter unter der Oberfläche liegen, nach Diamanten. Fast alle, die hier arbeiten, sind schwarz, nur die Aufseher sind ausnahmslos Weiße, meist einer für einen Trupp von zehn Mann.

Gegraben wird in Zwölf-Stunden-Schichten, fünfmal die Woche, und Samstag halbtags. Einige Minenbesitzer haben sogar versucht, die Arbeitszeit auf 16 Stunden auszudehnen, aber das konnte niemand durchhalten. Morgens um 6.00 Uhr klettern die Kumpel der Tagschicht auf Leitern in die Tiefe, ihre Kollegen der Spätschicht abends um 18.00 Uhr. Die weißen Aufseher und Spezialisten, zumeist Fachleute etwa für Sprengungen aus dem britischen Kohlebergbau, fahren in Fahrstuhlkäfigen ein, die von einer Dampfmaschine gezogen werden.

Die Arbeit macht die Leute krank. Mangelnde Entlüftung und starke Temperaturschwankungen führen zu Lungenentzündungen, der mit Abstand häufigsten Todesursache bei den Bergleuten. Medizinische Versorgung für die Schwarzen existiert kaum, die Minen stellen oft lieber neue Arbeiter ein, als die Kranken zum Arzt zu schicken.

Ebenso wenig wie die Gesundheit ihrer Beschäftigten kümmert die Bergwerksmanager deren Sicherheit, Schutzvorschriften gelten allgemein als störende Einschränkungen des Betriebs. Von 1000 Minenarbeitern sterben jedes Jahr

NEBEN UNTERDRÜCKUNG: GLANZ UND VIELFALT

annähernd zehn bei Unfällen; eine Rate von drei Toten gilt in Großbritannien zu dieser Zeit bereits als nicht mehr hinnehmbar.

Wahrscheinlich sind es umstürzende Öllampen, die das schlimmste Unglück auslösen: Am 11. Juli 1888 bricht in 150 Meter Tiefe im Eingangsschacht der De-Beers-Mine ein Feuer aus; in der hölzernen Verschalung des Bergwerks verbreitet es sich rasend schnell. Eine Flucht über die Leitern ist nicht mehr möglich, alles steht in Flammen. Die Hitze zerreißt das Aufzugseil, der mit Menschen voll beladene Fahrstuhlkäfig stürzt ab. Überall Glut, Gestank und Qualm, nichts ist mehr zu sehen. Ein Missionar berichtet später, dass die Männer in der Mine anfangen, christliche Lieder zu singen, um sich auf ihr Ende vorzubereiten, als sie ihre hoffnungslose Lage erkennen. Viele ersticken oder quetschen sich bei ihrer panischen Flucht in der Enge der Schächte gegenseitig zu Tode, nur wenige entkommen.

Am 13. Juli stellen die Rettungstrupps ihre Suche ein. 202 Männer sind tot. Eine offizielle Untersuchung wird später feststellen, dass die Verantwortung für die Katastrophe allein bei De Beers liegt: Es gab keine Notausgänge, trotz der gefährlichen Beleuchtung mit Öllampen lagen große Mengen brennbaren Materials in der Grube. Und das Management der Firma weigerte sich acht Stunden lang nach der Entdeckung des Brandes, die Arbeit in der Mine einzustellen und damit vielleicht noch Bergleute in anderen Schächten zu retten. Konsequenzen für den Konzern gibt es dennoch nicht.

Was im Interesse der Firma sei, sei im Interesse Kimberleys, erklärt 1894 ein Direktor von De Beers. Diese Harmonie der Interessen ist allerdings erzwungen – indem sich der Konzern die Stadt unterjocht. Der Diamanten-Gigant beherrscht den wichtigsten Wirtschaftszweig des Ortes; ein Großteil der nach mehreren Entlassungswellen im Bergbau nur noch rund 28 000 Einwohner arbeitet in seinen Minen. Und die Firma unterwirft ihre Beschäftigten zudem einem fast totalitären System.

A

An dessen Anfang steht der tiefe Argwohn der Minenbesitzer gegenüber ihren Arbeitern – vor allem den Schwarzen: Sie seien faul, weswegen man sie zum Dienst treiben müsse. Sie neigten zur Aufsässigkeit. Und sie seien gierig, würden zu hohe Löhne fordern und Edelsteine stehlen. Für all das finden die Magnaten eine Lösung: permanente Kontrolle, vor allem durch die Unterbringung in scharf bewachten Lagern, sogenannten *compounds*.

Das größte dieser Camps ist das West End Compound einige Hundert Meter nördlich des Big Hole. 2900 Menschen leben hier auf einer Fläche, die knapp so groß ist wie drei Fußballfelder. Allein zur Arbeit in der Kimberley-Mine dürfen die Bewohner die Anlage verlassen. Das Lager ist umgeben von einem Metallzaun und komplett mit einem Gewebe aus dünnem Draht überspannt, damit niemand Diamanten nach draußen werfen kann. Im Inneren des Compound befindet sich ein weitläufiger Hof, überragt von einem Wachturm und gesäumt von den Wellblechbaracken, in denen die Wohnräume liegen. 20 bis 30 Männer leben in einem Zimmer. Sie teilen sich die Betten: Während die eine Schicht arbeitet, schläft die andere. Das Quartier hat keine Türen und besitzt einen Spalt zwischen Wänden und Dach, was im Sommer die Ventilation verbessern soll. Doch im Winter ist es dadurch so kalt, dass die Arbeiter in der Regel weit vor Schichtbeginn in die Mine einfahren, weil es dort wärmer ist.

Das Compound verfügt über eine Krankenstation und einen Laden, in dem die Insassen Kleidung und Lebensmittel kaufen können – zu Preisen, die erheblich höher sind als in den Geschäften in der Stadt. Mindestens ein Drittel ihres Lohnes müssen die Arbeiter so für Nahrungsmittel aufwenden. Der Verkauf von Schnaps, Bier und Wein ist im Lager untersagt. Und diese und die vielen anderen Regeln werden erbarmungslos durchgesetzt. Der Chefaufseher des West End Compound etwa lässt eine Gruppe von 22 Schwarzen, die sich geweigert haben zu arbeiten, so heftig auspeitschen, dass deren Wunden noch eine Woche später offen klaffen.

DIE RUND 30 000 Einwohner Kimberleys leben in unterschiedlichsten Vierteln, darunter Villenquartiere für die reichen Weißen

DIE SCHWARZEN in den Diamantenminen gelten als freie Lohnarbeiter, werden aber bald in eingezäunte Lager gepfercht und einer fast totalen Kontrolle unterworfen – für den Profit der von Weißen geführten Konzerne

Trost dürfen sich die Eingepferchten bei den Gottesdiensten von Missionaren holen, für die das Unternehmen eigens einen Andachtsraum eingerichtet hat. De Beers unterstützt die Kirchenmänner, die Maßhalten, Pünktlichkeit und Gehorsam predigen. Und die erklären, dass jene, die in der Mine Unfällen zum Opfer gefallen sind, wahrscheinlich Sünder gewesen seien, die den Allmächtigen herausgefordert hätten. Um die Autorität der Missionare nicht zu gefährden, verbietet das Unternehmen im Lager alle Schriften außer der Bibel und dem Gesangbuch.

Die Isolation ist nahezu komplett. Immerhin können Frauen und Verwandte, die im Ort von Kimberley leben, auf besondere Bitte ihre Männer im Compound besuchen und mit einigem Abstand und unter Aufsicht mit ihnen sprechen. Eine junge Mutter, die ihrem Gatten ihr neugeborenes Kind zeigen will, darf das ebenfalls nur aus der Entfernung tun; dem Vater ist es erlaubt, es auf den Arm zu nehmen, als ein Aufseher es ihm hinreicht.

Die schwarzen Arbeiter, oft von Agenten der Firmen mit falschen Versprechungen angeworben, haben praktisch keine Alternative, als sich diesem System zu unterwerfen: In Kimberley üben die Diamanten-Unternehmen de facto ein Monopol auf dem Arbeitsmarkt aus. So müssen die Kumpel in einer Wirtschaftskrise Mitte der 1880er Jahre eine Halbierung ihrer Löhne hinnehmen, weil sie nirgendwo anders einen Job finden. Und in der anderen großen Industrie Südafrikas, dem Goldbergbau, sind die Arbeitsbedingungen mitunter sogar noch schlechter.

E

Erst nach Ende ihres sechs bis zwölf Monate laufenden Arbeitskontrakts dürfen die Arbeiter das Compound wieder verlassen. Nicht jedoch ohne zuvor noch einmal eine erniedrigende Prozedur über sich ergehen zu lassen: Am Montagmorgen kommen die zu Entlassenden in einen besonderen Bereich des Lagers. Die Männer müssen sich nackt ausziehen und werden gründlich durchsucht. Man verabreicht ihnen Abführmittel, falls sie Diamanten verschluckt haben, inspiziert ihre Exkremente. Und damit sie ausgeschiedene Steine nicht wieder herunterschlucken oder verstecken können, streifen die Wachen ihnen dicke Lederhandschuhe über, die man nicht selber ablegen kann. Nicht einmal ein Messer können die Männer mit diesen Fäustlingen greifen; Nahrung wird ihnen vorgeschnitten. Bis zum Samstag hält das Unternehmen die Unglücklichen so fest. Erst dann erhalten sie ihren Lohn, ihre Sachen und dürfen gehen.

Auch seine weißen Arbeiter bringt De Beers in einer Art Compound unter, wenngleich ohne Zaun und deutlich komfortabler. Dahinter steht jedoch ein ähnlicher Gedanke: Sie sollen wie ihre schwarzen Kollegen in allem abhängig vom Konzern sein – und dadurch leichter zu disziplinieren. Das „Modelldorf" genannte Kenilworth entsteht drei Kilometer außerhalb der Stadt; die Distanz soll den Kontakt zur übrigen Bevölkerung erschweren. Eine eigene Straßenbahn bringt die Männer in die Mine. Die Siedlung besteht vor allem aus Doppelhäusern an baumgesäumten Straßen, hat Gärten, eine Bücherei, ein Cricketfeld und ein Klubhaus mit Billardzimmer. Strenge Regeln und umfassende Kontrolle aber gibt es auch hier: Alkohol ist verboten, Verheiratete und Alleinstehende wohnen in getrennten Bezirken. Anstelle der uniformierten Aufpasser wie in den Compounds übernehmen Undercover-Detektive die Überwachung der Bewohner.

So wird Kimberley in diesen Jahren auch zu einem Labor für die Gängelung von Menschen. Insbesondere die schwarzen Arbeiter werden einem System ausgesetzt, das sie unterdrückt und ausgrenzt – zum ökonomischen Vorteil einer kleinen Gruppe Weißer. Ein Modell, das die weitere Geschichte Südafrikas prägen wird.

Zunächst kopieren die Bergbauunternehmer auf den Goldfeldern von Witwatersrand, zu denen ja auch De-Beers-Gründer Cecil Rhodes gehört, das in Kimberley entwickelte Prinzip. Anfang des 20. Jahrhunderts weitet die neu gegründete Südafrikanische Union, der Zusammenschluss der vier britischen Kolonien auf dem Gebiet des heutigen Südafrika, ein solches Kontrollsystem nach und nach auf das ganze Land aus: Schwarze dürfen in allen Minen nur noch unqualifizierte Jobs annehmen, die besser bezahlten Stellen unter Tage bleiben Weißen vorbehalten; die Arbeitsstelle zu verlassen ist eine Straftat; Schwarze müssen ständig einen Pass bei sich tragen; und ab 1923 ist es ihnen in Städten nur noch gestattet, in abgetrennten Wohngebieten zu leben.

Zur offiziellen, alle Lebensbereiche betreffenden Politik unter dem Namen „Apartheid" wird diese Ausgrenzung in Südafrika erst später. Doch ihre Wurzeln reichen weit zurück – auch in die Zeit des Diamantenfiebers von Kimberley.

Dort ist um die Mitte der 1890er Jahre die scheinbar unaufhaltsame Machtübernahme von De Beers vollendet. Eine südafrikanische Schriftstellerin konstatiert, der Konzern gelte in der Stadt nicht als Unternehmen, sondern als Religion. Man müsse an De Beers glauben, und es sei schlicht Frevel, das nicht zu tun. „Wohltaten, Gebote, das tägliche Brot, Leben und Tod kamen von De Beers."

Der Aufstieg der Firma zu unbegrenztem Einfluss hat der Siedlung nicht gutgetan: Weitere Kündigungen und Lohndumping, um die Kosten immer stärker zu drücken, lassen viele Menschen bald in bittere Armut absinken – Schwarze und Weiße. Nicht einmal vom Vermögen der Bergbaumanager profitiert der Ort noch: Die Millionäre, die einst im Kimberley Club tanzten und dinierten, geben ihr Geld mittlerweile in Johannesburg aus, wo das Klima viel milder ist als im staubigen Buschland südlich des Vaal. Oder sie sitzen wie die Aktionäre der Gesellschaft in Europa.

Kimberley, ehemalige Diamanten-Boomtown, ist nurmehr eine kleine, stagnierende Stadt – während De Beers üppig prosperiert. Das Unternehmen nutzt seine immense Marktmacht und drosselt bewusst die Förderung der Edelsteine, verknappt das Angebot, um die Preise hochzuhalten. Ihren Anteilseignern zahlt die Firma regelmäßig fabelhafte Dividenden. Sogar während des Krieges zwischen den Buren und der britischen Kolonialmacht (siehe Seite 100), als Kimberley im Jahr 1900 vier Monate lang von burischen Truppen belagert wird und die hungernden Bewohner täglich Artilleriebeschuss erdulden müssen, floriert De Beers.

Doch der Glaube, das Monopol und die Riesenprofite würden ewig bestehen, macht die Konzernlenker träge. Als 100 Kilometer nordöstlich von Kimberley eine neue Diamantenmine entdeckt wird, gehen die Direktoren davon aus, dass in der Grube nur minderwertige Steine zu finden sind, und kaufen das Areal nicht. Eine eklatante Fehleinschätzung: Im Januar 1905 wird dort der „Cullinan" ausgegraben, mit 3106 Karat der größte je gefundene Diamant – 37-mal so schwer wie jener Stein, der einst das Diamantenfieber von Kimberley ausgelöst hat.

Und als bald darauf auch in Deutsch-Südwestafrika, dem heutigen Namibia, weitere Minen erschlossen werden, wird endgültig deutlich: Der konkurrenzlose Ausnahmestatus von De Beers existiert nicht mehr; in Zukunft wird das Unternehmen eine Firma unter vielen sein.

Der Krater des Big Hole auf der früheren Farm von Johannes de Beer erstreckt sich zu dieser Zeit 240 Meter tief, ein darunter liegender Schacht reicht sogar mehr als einen Kilometer unter die Oberfläche. Profitabel ist der Bergbau hier jedoch nicht mehr. Am 14. August 1914 wird die reichste Diamantenmine aller Zeiten geschlossen. ◊

LITERATURTIPPS

MARTIN MEREDITH
»Diamonds, Gold and War«
Schildert auf packende Weise, wie der Bergbau die Geschichte Südafrikas geprägt hat (Pocket Books).

WILLIAM H. WORGER
»South Africa's City of Diamonds«
Wissenschaftliche Studie zur Geschichte Kimberleys (Yale University Press).

IN KÜRZE

Aus einem Camp Zehntausender Abenteurer entwickelt sich gegen Ende des 19. Jahrhunderts die Stadt Kimberley, der wichtigste Diamantenabbauort der Welt. Binnen weniger Jahre übernehmen dort große Firmen die Förderung der Bodenschätze. Die schwere Arbeit in den Minen verrichten vor allem Schwarze, ausgebeutet und von der übrigen Bevölkerung isoliert – ein Modell für die spätere Politik der „Apartheid".

GEOEPOCHE
Das Magazin für Geschichte

IMPRESSUM

CHEFREDAKTION: Jürgen Schaefer, Katharina Schmitz
REDAKTIONSLEITUNG: Joachim Telgenbüscher
MANAGING DESIGNERIN: Tatjana Lorenz
TEXTREDAKTION: Johannes Teschner (Konzept dieser Ausgabe), Jens-Rainer Berg, Kirsten Bertrand, Insa Bethke, Dr. Anja Fries, Samuel Rieth
AUTOREN: Jörg-Uwe Albig, Dr. Mathias Mesenhöller
BILDREDAKTION: Camilla Ackermann, Julia Franz, Christian Gargerle, Anja Jöckel
LAYOUT: Michèle Hofmann, Frank Strauß
KARTOGRAFIE: Stefanie Peters
WISSENSCHAFTLICHE BERATUNG: Dr. Nicole Wiederroth
QUALITY BOARD – VERIFIKATION, RECHERCHE, SCHLUSSREDAKTION:
Leitung: Tobias Hamelmann, Norbert Höfler, Melanie Moenig (Stellvertreterin); Elke von Berkholz, Lenka Brandt, Regina Franke, Hildegard Frilling, Dr. Götz Froeschke, Susanne Gilges, Cornelia Haller, Sandra Kathöfer, Judith Ketelsen, Petra Kirchner, Dirk Krömer, Michael Lehmann-Morgenthal, Dirk Liedtke, Kirsten Maack, Andreas Mönnich, Susan Molkenbuhr, Alice Passfeld, Christian Schwan, Andreas Sedlmair, Stefan Sedlmair, Olaf Stefanus, Bettina Süssemilch, Torsten Terraschke
ASSISTENZ DER CHEFREDAKTION/ REDAKTIONSASSISTENZ: Ümmük Arslan
CHEF VOM DIENST/KOORDINATION: Ralf Schulte
GESCHÄFTSFÜHRENDE REDAKTEURIN: Maike Köhler

Verantwortlich für den redaktionellen Inhalt:
Jürgen Schaefer, Katharina Schmitz

Litho: Mohn Media, Gütersloh
Druck: Quad/Graphics, Wyszków

Gruner + Jahr Deutschland GmbH
Sitz von Verlag und Redaktion:
Am Baumwall 11, 20459 Hamburg.
Postanschrift der Redaktion:
Brieffach 24, 20444 Hamburg.
Telefon: 040 / 37 03-0
Internet: www.geo.de/epoche

VICE PRESIDENT NEWS, WIRTSCHAFT & WISSEN (PRINT/DIGITAL): Bianca Wannemacher
PUBLISHING MANAGEMENT: Patricia Hildebrand, Svenja Urbach, Eva Zaher
SALES DIRECTION: Franziska Bauske, Betsy Edakkamannil, Maren Falke, DPV Deutscher Pressevertrieb
Verantwortlich für den Inhalt der Anzeigen:
Petra Küsel – Head of Brand Print + Direct Sales, Ad Alliance GmbH, Am Baumwall 11, 20459 Hamburg.
Es gilt die jeweils aktuelle Preisliste unter www.ad-alliance.de
MARKETING DIRECTION: Stefan Bromberg
PRESSE- UND ÖFFENTLICHKEITSARBEIT: Sabine Grüngreiff
HERSTELLUNG: G+J Herstellung, Heiko Belitz (Ltg.), Oliver Fehling

Heftpreis: 12,00 Euro (mit DVD: 19,50 Euro)
ISBN: 978-3-652-01268-3;
978-3-652-01274-4 (Heft mit DVD)
ISSN: 1861-6097

Bankverbindung: Deutsche Bank AG Hamburg,
IBAN: DE 30 2007 0000 0032 2800 00,
BIC: DEUTDEHH

GEO-LESERSERVICE

FRAGEN AN DIE REDAKTION
Telefon: 040 / 37 03 20 84
E-Mail: briefe@geo-epoche.de

BESTELLADRESSE FÜR GEO-BÜCHER, GEO-KALENDER, SCHUBER ETC.
Anschrift: GEO-Versand-Service, 74569 Blaufelden
Telefon: +49 / 40 / 42 23 64 27
Telefax: +49 / 40 / 42 23 66 63
E-Mail: guj@sigloch.de

ABONNEMENT- UND EINZELHEFTBESTELLUNG
Online-Kundenservice: www.geo.de/kundenservice
Telefon: 0049 / 40 / 55 55 89 90
Service-Zeiten: Mo–Fr 7.30 bis 20.00 Uhr, Sa 9.00 bis 14.00 Uhr
Postanschrift: GEO*EPOCHE* Kundenservice, 20080 Hamburg

Preise Jahresabonnement:
84,00 € (D), 94,50 € (A), 133.00 sfr (CH)
mit DVD:
129,00 € (D), 145,00 € (A), 231.00 sfr (CH)
Studentenabonnement:
50,40 € (D), 56,70 € (A), 79.80 sfr (CH)
mit DVD:
81,20 € (D), 94,50 € (A), 138,60 sfr (CH)
Preise für weitere Länder auf Anfrage erhältlich

USA: GEO*EPOCHE* is published by Gruner + Jahr Deutschland GmbH
K.O.P.: German Language Pub., 153 S Dean St, Englewood NJ 07631.
Periodicals Postage is paid at Paramus NJ 07652.
Postmaster: Send address changes to GEO*EPOCHE*, GLP, PO Box 9868, Englewood NJ 07631.
KANADA: Sunrise News, 47 Silver Shadow Path, Toronto, ON, M9C 4Y2,
Tel.: +1 647-219-5205,
E-Mail: sunriseorders@post.com

Alle Fakten und Daten in dieser Ausgabe sind vom Verifikations- und Rechercheteam im Quality Board auf ihre Richtigkeit überprüft worden.

FOTOVERMERK NACH SEITEN

Anordnung im Layout: l.= links, r.= rechts, o.= oben, m.= Mitte, u.= unten

Titelbild: Nelson Mandela bei einem Auftritt vor Anhängern, kurz vor den Wahlen im April 1994, in deren Folge Mandela Südafrikas erster schwarzer Präsident wird. Rückseite: Ansicht von Kapstadt und dem Tafelberg; Stich nach Vorlage von Jan van Ryne, 1754 (Ausschnitt).

TITEL: Per-Anders Pettersson/Getty Images; Imago Images/YAY Images

EDITORIAL: Malte Joost für GEO*EPOCHE*

INHALT: Graeme Williams/Africa Media Online/Picture Alliance: 4 o. l.; Timo Zett für GEO*EPOCHE*: 4 o. r.; Stephan Welz & Co.: 4 m. l.; Universal Images Group/Getty Images: 4 m. r.; Imago Images/Underwood Archive: 4 u. l.; Look and Learn/Illustrated Papers Collection/Bridgeman Images: 4 u. r.; Granger, NYC /Ullstein Bild: 5 o.; Ernest Cole/Magnum Photos/Agentur Focus: 5 m.; African Pictures/akg-images: 5 u.

GESPALTENES LAND: A. Abbas/Magnum Photos/Agentur Focus: 6/7; Ernest Cole/CAMERA PRESS: 8; ASSOCIATED PRESS/Picture Alliance: 9; Africa Media Online/Picture Alliance: 10/11; ASSOCIATED PRESS/Picture Alliance: 12; David Goldblatt/David Goldblatt Legacy Trust/Goodman Gallery: 13; Ernest Cole/Magnum Photos: 14 o.; A. Abbas/Magnum Photos/Agentur Focus: 14 u.; Mary Evans/Marx Memorial Library/INTERFOTO: 15; Gideon Mendel/Corbis Historical/Getty Images: 16; A. Abbas/Magnum Photos/Agentur Focus: 17; Jürgen Schadeberg: 18; G.R Naidoo/BAHA/Africa Media: 19; Ian Berry/Magnum Photos/Agentur Focus: 21/21

DIE WIEGE DER MENSCHHEIT: George William Stow/Iziko South African Museum: 22/23

GOLD UND MACHT: Timo Zett für GEO*EPOCHE*: 24/25, 28/29, 30/31, 32/33; Heritage Images/Fine Art Images/akg-images: 27; Africa Media Online/Picture Alliance: 28 o. l.; Africa Media Online/Picture Alliance: 31 u. r.; Mapungubwe Archive/University of Pretoria Museums: 32 o. r.

HERR DER LEGENDEN: Stephan Welz & Co.: 36; Strauss & Co.: 39; Alamy: 40

FREMDE AM KAP: William Fehr Collection/Iziko South Africa Museums: 42/43; LEEMAGE/images.de/Fotofinder Art and History: 42 m.; Pictures from History/Ullstein Bild: 44; Bridgeman Images: 45; Wikipedia commons/Amsterdams Historisch Museum: 46/47; Jan Miense Molenaer/Rijks Museum: 48 o.; African Image Pipeline/Africa Media Online: 49; Mary Evans/INTERFOTO: 50; Smithsonian National Museum of African American History and Culture: 52 u. l.; Imago Images/Pictures From History: 52 o. r.; De Agostini Picture Lib./akg-images: 53; PLANCHARD Eric/hemis/laif: 54

DER SCHWARZE MISSIONAR: Julian Rentzsch für GEO*EPOCHE*: 56

DER KÖNIG DER OSTKÜSTE: Universal Images Group/Getty Images: 58 o. l.; British Library/akg-images: 58/59, 61 o. l., 61 o. r., 61 u. r., 62/63, 66; imago images/KHARBINE-TAPABOR: 60; De Agostini/Icas94/akg-images: 65; Africa Media Online/Iziko Museum/akg-images: 67; Bridgeman Images: 68/69

TÖDLICHE PROPHEZEIUNG: National Library of South Africa: 70

STADT DER GLÜCKSGRÄBER: imago images/Underwood Archives: 72/73; Shutterstock/Diamond Galaxy: 72 o. l., 73 m. r., 75 m. r., 76 m. l., 79 m. l., 80 m., 82 u. r.; TopFoto/INTERFOTO: 75 o.; Science Photo Library/Patrick Landmann/akg-images: 75 u.; Popperfoto/Getty Images: 76 o.; Mary Evans/Pump Park Photography/INTERFOTO: 76 u.; The Lordprice Collection: 79 o. r.; KGPA Ltd/Alamy Stock Photo: 79 u.; Haiti Trust Digital Library/Library of the University of California: 80 o. r.; World Book Inc./mauritius images: 80 u.; Royal Geographical Society/Getty Images: 81 o. r.; Mary Evans/Pharcide/INTERFOTO: 82 o. l.; Antiqua Print Gallery/Alamy Stock Photo: 82/83 u.; Corbis Historical/Getty Images: 85

DIE GESCHICHTE SÜDAFRIKAS: The Trustees of the British Museum: 87, 88, 91, 92, 95, 96; Brian Perry/Alamy Stock Photo: 98 u. l.

LESEZEICHEN: Ian Berry/Magnum Photos/Agentur Focus: 99

BAUERN GEGEN WELTREICH: Imago images: 100/101, 108; Mary Evans Picture Library: 102 l.; University of the Witwatersrand, Johannesburg: 102 r.; Interfoto: 103, 114; Bridgeman Art Library: 104, 106 l., 107, 110 (2), 111, 113; Alamy: 105, 109; bpk-images: 106 r.; Imperial War Museum, London: 112

GEWALTLOS GEGEN DIE UNGLEICHHEIT: Granger, NYC /Ullstein Bild: 118

DAS GROSSE UNRECHT: Ian Berry/Magnum Photos/Agentur Focus: 120/121, 125, 127, 129; Popperfoto/Getty Images: 122, 126; Ernest Cole/Magnum Photos: 123; African Pictures/akg-images: 124, 128, 130; action press: 126 o. r.; Ernest Cole/Magnum Photos: 131; Africa Media Online/laif: 132; United Archives/TopFoto/Süddeutsche Zeitung Photo: 133

IKONE AUS DER TOWNSHIP: African Pictures/akg-images: 134

DAS GESICHT DER FREIHEIT: Per-Anders Pettersson/Getty Images: 136/137; fine art images/INTERFOTO: 138; Jürgen Schadeberg: 139; Africa Media Online/laif: 140; Ian Berry/Magnum Photos/Agentur Focus: 141; AFP/Getty Images: 142; Universal Images Group/Getty Images: 143 o.; ADN-Bildarchiv/ullstein bild: 143 u.; picture-alliance/dpa: 144 o.; ullstein bild: 144 u.; Corbis Historical/Getty Images: 145; AFP/Getty Images: 146/147; African Pictures/akg-images: 148; Imago Images/Gallo Images: 150; Tom Stoddart/Getty Images: 151

EINE GESELLSCHAFT MIT SCHWEREM ERBE: Privat: 154; PHILIP LITTLETON/AFP/Getty Images: 155; imago images/Adstock/UIG: 156; Shutterstock/fivepointsix: 157

VORSCHAU: akg-images: 162 o. l.; mauritius images: 162 u.; imago images: 163 l. o., 163 r. o.; AFP/Getty Images: 163 u.

KARTEN: Stefanie Peters für GEO*EPOCHE*: 34, 78, 89, 90, 93, 94, 97, 116

RÜCKSEITE: Robert Sayer/Rijks Museum

Die Geschichte SÜDAFRIKAS

Aus den zahlreichen Gemeinschaften, die den Süden des afrikanischen Kontinents besiedeln, erwächst über die Jahrhunderte ein multikultureller Staat – dessen schwarze Bevölkerung leidvolle Unterdrückung erfährt

TEXT: *Svenja Muche*

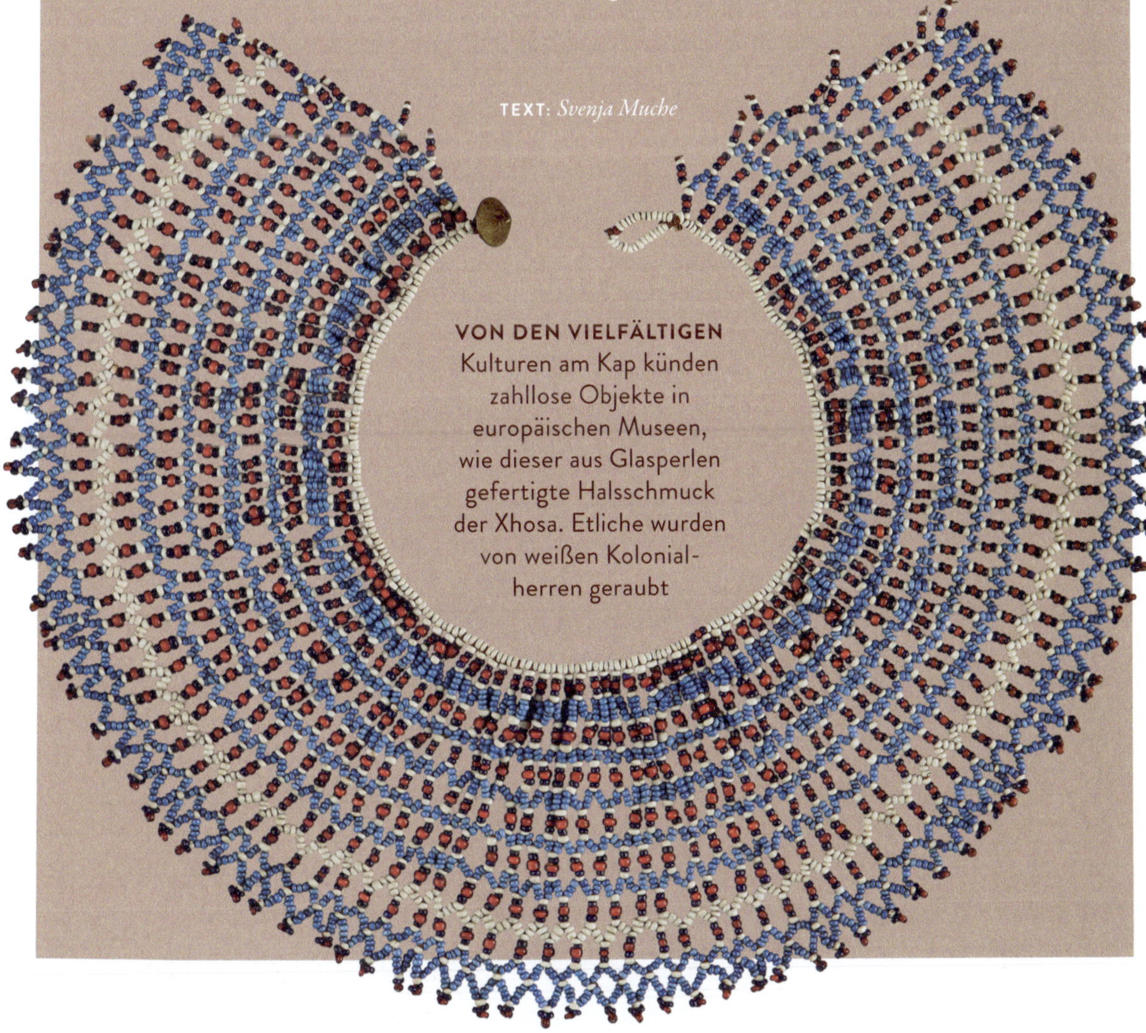

VON DEN VIELFÄLTIGEN Kulturen am Kap künden zahllose Objekte in europäischen Museen, wie dieser aus Glasperlen gefertigte Halsschmuck der Xhosa. Etliche wurden von weißen Kolonialherren geraubt

Vorläufer und frühe Verwandte des Menschen leben bereits vor Jahrmillionen in Südafrika, jener im Norden von den Flüssen Limpopo, Molopo und Oranje, im Westen vom Atlantischen und im Osten vom Indischen Ozean begrenzten Weltgegend. Jenseits der Küstenebenen erstreckt sich dort weites Hochland, das im Süden und Osten Gebirgszüge zerfurchen. Sie bilden eine Barriere für die vom Indischen Ozean heranziehenden Regenwolken und teilen die Region in eine niederschlagsreiche und fruchtbare östliche und eine kargere westliche Zone. Aufgrund zahlreicher Knochenfunde etlicher Vor- und Frühmenschenarten gilt Südafrika als „Wiege der Menschheit". *Homo sapiens*, der moderne Mensch, lebt wohl seit mindestens 120 000 Jahren in der Region. Felsmalereien mit Tier- und Menschendarstellungen, deren älteste vor schätzungsweise 26 000 Jahren entstehen, belegen die Verbreitung von Gemeinschaften im südlichen Afrika, deren Nachfahren vermutlich die heutigen San sind. In kleinen Gruppen durchstreifen sie die Wälder und Savannen Südafrikas, sammeln Wurzeln und jagen mit Waffen aus Holz, Stein und Knochen.

um die Zeitenwende

Hirtennomaden, die neben dem Jagen und Sammeln auch Vieh halten, bevölkern das westliche Südafrika. Die Khoikhoi („Menschen der Menschen", sinngemäß „die wahren Menschen"), wie sie sich später selbst nennen, stammen möglicherweise von San-Gruppen auf dem Territorium des heutigen Botswana ab, übernahmen dort von anderen Gemeinschaften die Schafhaltung und wanderten in der Folge nach Süden, wo sie dann auch beginnen, Rinder zu hüten.

um 250 n. Chr.

Menschen, die vermutlich Idiome aus der Familie der Bantu-Sprachen sprechen, erreichen von Norden kommend Südafrika. Sie lassen sich zunächst wohl vor allem in den fruchtbaren Regionen entlang des Indischen Ozeans nieder, später verstärkt auch im Nordosten und im zentralen Hochland. Sie bringen Kenntnisse im Ackerbau und auch Nutzpflanzen mit, leben in kleinen Dörfern, bauen unter anderem Hirse und Sorghum an und halten Vieh. Manche beherrschen die Verarbeitung von Metallen und fertigen etwa Werkzeuge aus Eisen. Bantu-Gruppen und Khoikhoi drängen nach und nach die Jäger und Sammler der San in für Viehhaltung und Ackerbau weniger geeignete Regionen ab, nehmen aber wohl auch viele San in ihre eigenen Gemeinschaften auf.

MUSIK UND TANZ erfüllen wichtige Funktionen im Leben vieler schwarzer Gesellschaften. Diese Trommel wurde von Angehörigen der Venda gefertigt – einer vor allem in der heutigen südafrikanischen Provinz Limpopo ansässigen Gruppe, die für ihre Holzschnitzkunst bekannt ist

um 1250

Von einem später Mapungubwe genannten Felsplateau aus herrschen Könige über ein weites Gebiet im Grenzland der heutigen Staaten Südafrika, Botswana und Simbabwe. Die Elite des frühesten bekannten Reiches der Region kontrolliert den Gold- und Elfenbeinhandel mit Küstenorten im heutigen Mosambik. Wohl seit etwa 900 hat vor allem der zunehmende Handel im Norden Südafrikas einzelnen Anführern ermöglicht, Reichtum anzuhäufen und die Menschen in größeren Territorien unter ihre Oberherrschaft zu bringen. Das Reich von Mapungubwe geht in den Jahren um 1300 unter. In dieser Zeit wächst 200 Kilometer weiter östlich ein neues Machtzentrum heran, das rund 400 Jahre bestehen wird: Thulamela.

um 1550

Tshawe, Sohn des Chiefs einer Gruppe der Bantu-sprachigen Xhosa, kann mehrere Gemeinschaften hinter sich bringen und begründet ein großes Xhosa-Reich – so überliefern es *amabali* genannte legendenhafte Erzählungen. Da die frühen Gesellschaften Südafrikas keine Schriftquellen hinterlassen, sind (neben archäologischen Funden) solche über

Generationen mündlich weitergegebene Berichte wichtige Zeugnisse ihrer Geschichte. Die Xhosa leben im Gebiet der heutigen Provinz Eastern Cape und werden mit benachbarten Gemeinschaften bis hin zum heutigen Mosambik als Nguni zusammengefasst, deren Sprachen besonders eng verwandt sind. Vor allem die Xhosa integrieren in ihre Idiome die charakteristischen Klicklaute der Sprachen von San und Khoikhoi – ein Zeugnis intensiver Kontakte über lange Zeiten.

1652

In einer Bucht im Südwesten Südafrikas schifft der niederländische Kaufmann Jan van Riebeeck etwa 90 weiße Männer und Frauen aus. Die Neuankömmlinge sollen einen Stützpunkt errichten und fortan die Schiffe der niederländischen Handelsgesellschaft „Vereenigde Oost-Indische Compagnie“ (VOC) auf ihrem Weg nach Asien mit Lebensmitteln versorgen. Sie legen einen Gemüsegarten an, errichten ein Fort und erwerben Rinder und Schafe von den Khoikhoi der Region.

1657

Um die Versorgung der Station am Kap mit Lebensmitteln zu sichern, erlaubt die VOC neun ehemaligen Angestellten, in der Nähe der Tafelbucht auf eigene Rechnung Felder zu bestellen. Durch die Ansiedlung dieser „Freibürger“ genannten Bauern, deren Zahl in den folgenden Jahren stetig zunimmt, verwandelt sich die Versorgungsstation am Kap allmählich in eine Siedlungskolonie. Die Khoikhoi der Region wehren sich gegen das Vorrücken der Europäer auf ihre Weidegründe, 1659 und 1677 kommt es zu bewaffneten Konflikten, in denen die Soldaten der VOC siegreich bleiben.

1658

In der Tafelbucht legen zwei Schiffe an, die erstmals in größerer Zahl versklavte Menschen nach Südafrika bringen. Europäische Schiffe transportieren in den folgenden rund 150 Jahren Zehntausende Verschleppte aus anderen Teilen Afrikas und aus Asien hierher. Die europäischstämmige Bevölkerung beutet sie unter anderem als Hausbedienstete und für die Feldarbeit aus. In den folgenden Jahrzehnten wächst die weiße Bevölkerung der „Kapkolonie“ mit ihrem später Kapstadt genannten Hauptort auf mehrere Tausend Menschen an, vor allem Niederländer, aber auch Norddeutsche und französische Hugenotten.

um 1690

Viehhaltende europäischstämmige Siedler beginnen auf der

1. JAHRTAUSEND N. CHR.

Südafrikas frühe Bewohner

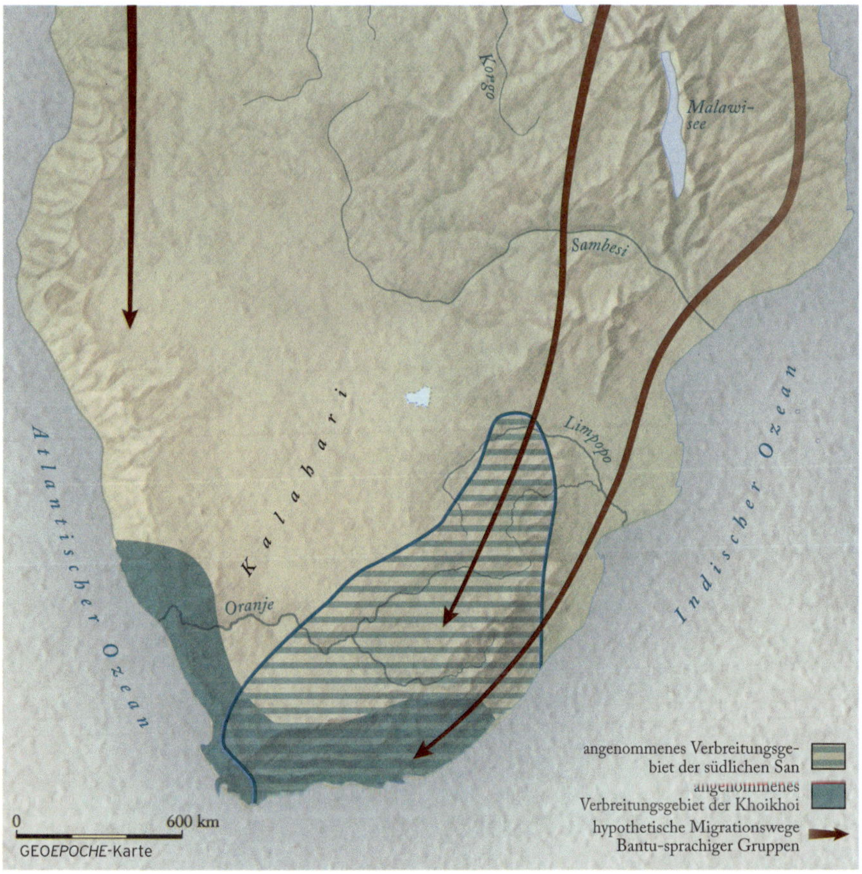

DREI GROSSGRUPPEN PRÄGEN das südliche Afrika in vorkolonialer Zeit: Bereits vor Jahrtausenden durchstreifen die als Wildbeuter lebenden San weite Gegenden. Etwa seit der Zeitenwende bevölkern die Khoikhoi, wohl vom heutigen Botswana aus nach Süden gewanderte, sprachlich mit den San verwandte Hirtennomaden, vor allem den Westen der Region. Den östlichen Teil nehmen einige Jahrhunderte später von Norden kommende Gruppen ein: sesshafte, vermutlich Bantu-sprachige Ackerbauern und Viehhalter

UM 1790

Vormarsch der neuen Herren

NIEDERLÄNDER GRÜNDEN im Auftrag der »Vereenigde Oost-Indische Compagnie« (VOC) 1652 den ersten europäischen Stützpunkt an Afrikas Südwestspitze, aus dem die Kapkolonie hervorgeht. Bis Ende des 18. Jahrhunderts dehnen weiße Siedler deren Grenzen Hunderte Kilometer gen Norden und Osten aus und unterjochen die in der Region lebenden Khoikhoi

Suche nach Weideland vom Kap nach Norden und Osten vorzudringen. Dort vertreiben die „Treckburen" die bald von Pockenepidemien geschwächten Khoikhoi oder zwingen sie, für sich zu arbeiten. Die Treckburen leben weitgehend unabhängig von der VOC-Verwaltung, zahlen ihr aber Pacht für das in Besitz genommene Land. Bis Ende des 18. Jahrhunderts weiten sie das Kolonialgebiet um etliche Hundert Kilometer nach Norden und Osten aus.

1795

Britische Truppen besetzen die Kapkolonie. Sie wollen damit einer Inbesitznahme durch Frankreich zuvorkommen, das gerade die Niederlande erobert hat. Zwar gibt Großbritannien das Territorium 1803 an die Niederlande zurück, doch schon 1806 kommt das Gebiet erneut – und nun dauerhaft – unter britische Herrschaft.

1799

Khoikhoi nutzen einen Aufstand niederländischsprachiger Siedler im Osten der Kapkolonie, um ihrerseits eine Revolte gegen die Europäer zu starten. Rund vier Jahre lang führen sie, zeitweise unterstützt von Xhosa, eine Art Guerillakrieg gegen die Siedler und die britische Kolonialmacht. Doch 1803 endet der letzte großangelegte Versuch der Khoikhoi, sich von den europäischen Besatzern zu befreien. Aus Khoikhoi, Sklaven und weiteren Einwohnern entsteht in der Kapregion eine *kleurlinge* (engl. *Coloureds*) genannte, von den Bantu-sprachigen Schwarzen unterschiedene Bevölkerungsgruppe.

1815

Ntsikana, ein Angehöriger der Xhosa, tritt nach einem Erweckungserlebnis zum Christentum über. Als wohl erster Xhosa predigt er seinen Leuten die neue Religion, verbindet dafür christliche Glaubensinhalte mit eigenen Traditionen und gewinnt so Anhänger. Nur langsam können weiße Missionare in dieser Zeit das Christentum in Südafrika verbreiten, zahlreiche schwarze Gemeinschaften halten zugleich weiter am Ahnenkult fest.

um 1816

Im Gebiet der heutigen Provinz KwaZulu-Natal beginnt Shaka, der Spross einer Zulu genannten Herrscherfamilie, mehr und mehr Gruppen der dort lebenden Nguni zu unterwerfen. Er begründet so ein großes Reich, auf dessen Bevölkerung in der Folge der Name Zulu übergeht. Shaka stützt sich auf ein straff organisiertes Herr, dessen Kämpfer in Regimenter gleichen Alters eingeteilt und mit kurzen, für den Nahkampf geeigneten Speeren bewaffnet sind. Seine Eroberungszüge sind Teil einer Phase politischer und gesellschaftlicher Umwälzungen, die durch die Entstehung verschiedener größerer Reiche und weitreichende Migrationsbewegungen unter den Bantu-sprachigen Gemeinschaften in Südafrika gekennzeichnet ist. Für diese mit dem Begriff „Mfecane" (etwa „Zerquetschung") bezeichneten Vorgänge gibt es vermutlich mehrere Gründe, die sich gegenseitig verstärken, darunter äußere Faktoren wie Dürren und die zunehmende Einflussnahme der Europäer.

1820

Rund 4000 britische Männer, Frauen und Kinder lassen sich im äußersten Osten der Kapkolonie nieder. Die Siedler waren angeworben worden, um Grenzland zu besetzen, aus dem britische Truppen zuvor Xhosa vertrieben hatten. Im Innern der Kapkolonie drängen die Briten den Einfluss der ursprünglichen europäischen Siedler zurück, führen etwa Englisch statt Niederländisch als Gerichtssprache ein.

Vom Kap drängen die Niederländer vor – und bald die BRITEN

1834

In den Kolonien des britischen Empire wird die Sklaverei aufgehoben. Rund 36 000 versklavte Menschen leben zu dieser Zeit in der Kapkolonie, meist Nachfahren von Verschleppten aus Südostasien, Indien oder Ostafrika. Manche ziehen bald in die von Europäern gegründeten Städte. Viele arbeiten jedoch weiter auf den Farmen ihrer vorherigen Besitzer, nun für oft geringen Lohn.

1835

Der „Große Treck" beginnt: Tausende niederländischsprachige Siedlerfamilien verlassen im Laufe einiger Jahre die Kapkolonie. Die Buren (von niederländisch *boer*, „Bauer"), wie sie inzwischen oft bezeichnet werden, wollen sich der britischen Herrschaft entziehen, durch die sie ihre Lebensweise zunehmend bedroht fühlen. Viele teilen zutiefst rassistische Ansichten und empfinden etwa die Aufhebung der Sklaverei durch die Briten als Verstoß gegen eine göttliche Ordnung, die angeblich Weiße zu Herren erhebt. Zudem sehen sie sich im Konkurrenzkampf um Land den Briten gegenüber im Nachteil. In vielen einzelnen Gruppen stoßen die später *Voortrekkers* (niederländisch für „Pioniere") genannten Auswanderer mitsamt ihren Bediensteten, darunter viele ehemalige Sklaven, vom Osten der Kapkolonie in nördlich und nordöstlich gelegene Gebiete vor und treffen dort auf die Bantu-sprachige Bevölkerung der Gegenden.

1838

16. Dezember. Am Fluss Ncome besiegen Buren ein großes Heer des Zulu-Königs Dingane. Mit ihren Kanonen und Gewehren töten sie Tausende seiner Krieger. Im Vorjahr waren Voortrekkers über die Drakensberge ins Zulu-Gebiet vorgedrungen, wobei es zu ersten gewaltsamen Auseinandersetzungen mit Dingane kam. Nach dem Sieg am fortan „Blutfluss" nannten Ncome übernehmen die Buren im Süden des Zulu-Reichs die Vorherrschaft und gründen in der Region einen eigenen Staat, die Republik Natalia.

um 1840

In den südlichen Drakensbergen herrscht Moshoeshoe über die Sotho, eine Gemeinschaft von Bantu-sprachigen Gruppen unterschiedlicher Herkunft, die sich im Zuge des Mfecane seinem Schutz unterstellt haben. Durch militärisches und diplomatisches Geschick gelingt es Moshoeshoe über Jahrzehnte, den Erhalt seines Reiches gegenüber Briten und Buren durchzusetzen, bis es 1868 zum britischen Protektorat erklärt wird. Die später daraus gebildete Kolonie Basutoland wird 1966 als Lesotho unabhängig.

MIT STROHHÜTEN schützen sich die Sotho vor der Sonne. Die mit raffinierten Knoten verzierte Kopfbedeckung gilt heute als nationales Symbol des nach ihnen benannten Staates Lesotho, wo einst König Moshoeshoe ein von den Weißen unabhängiges Reich errichtete

1843

Großbritannien annektiert die Republik Natalia, die militärisch unterlegenen Buren dort haben sich den Briten bereits im Jahr zuvor ergeben. Zahlreiche Buren, die sich hier niedergelassen hatten, ziehen nun wieder ab, ihre Stelle nehmen bald Tausende britischer Siedler ein. London, das den Einfluss der Buren von den für den Seehandel wichtigen Küstenregionen fernhalten will, erhebt das Gebiet 1856 zur eigenständigen Kolonie Natal.

1852

In der Konvention von Sand River billigen die Briten die Gründung eines Staates durch Voortrekkers im südafrikanischen Binnenland. In der wegen seiner Lage nördlich des Flusses Vaal auch Transvaal genannten Gegend etablieren die Buren die Südafrikanische Republik. 1854 rufen andere Voortrekker-Gruppen, die sich im Gebiet zwischen Vaal und Oranje niedergelassen haben, mit dem Oranje-Freistaat eine weitere Burenrepublik aus, die ebenfalls von den Briten anerkannt wird. Weiße stellen in den Republiken nur eine Minderheit der Bevölkerung, schließen die schwarze Mehrheit jedoch von jeglicher politischer Mitsprache aus.

1853

London erlaubt der Kapkolonie, ein eigenes Parlament zu wählen. So sollen die Einwohner künftig über die Belange der Kolonie, etwa den Haushalt, mitbestimmen können. Wählen dürfen unabhängig von Herkunft und Hautfarbe alle Männer, die Mindestanforderungen an Besitz oder Einkommen erfüllen. Entsprechend sind zum allergrößten Teil wohlhabende Weiße zugelassen, aber auch manche Coloureds und Schwarze können sich als Wähler registrieren lassen. Keiner von ihnen wird jedoch je selbst als Abgeordneter ins Parlament einziehen. Die Regierung führt weiter ein von London ernannter Gouverneur, dem ab 1872 ein vom Parlament bestimmter Premierminister zur Seite tritt.

1857

Zahlreiche Xhosa schlachten ihr Vieh und vernichten ihre Vorräte. Sie folgen dabei einer Prophezeiung, die eine junge Frau namens Nongqawuse erhalten haben will und gemäß derer nach der Verheerung die Geister der Ahnen erscheinen und bessere Tiere und Getreide bringen werden. Viele glauben wohl aus Verzweiflung daran, denn Kämpfe gegen die Briten und eine Rinderseuche haben ihr Land verwüstet, ihre Viehbestände dezimiert. Doch der Akt löst eine Hungersnot aus, in der Zehntausende sterben. Viele Überlebende ziehen nun in die Kapkolonie, wo sie sich auf Farmen und in den Ortschaften verdingen.

GEOMETRISCHE Muster prägen Kunst und Kleidung der sprachlich eng mit Zulu und Xhosa verwandten Ndebele. Die verheirateten Frauen tragen oft einen Kopfschmuck aus Perlenwerk: ein Zeichen des Respekts gegenüber ihrem Ehemann

1860

Inder erreichen erstmals in größerer Zahl Natal. Sie wurden von den Briten angeworben, um auf den in der Kolonie angelegten Zuckerrohrplantagen zu arbeiten. Ende des 19. Jahrhunderts leben rund 100 000 indischstämmige Menschen in Südafrika, von denen manche auch als Geschäftsleute tätig sind.

1866

Der Fund eines Rohdiamanten in der Nähe des Oranje markiert den Auftakt zum größten Diamantenrausch der Geschichte. Um die großen Löcher herum, aus denen die kostbaren Steine bald im Tagebau gefördert werden, wächst die Diamantenmetropole Kimberley, zeitweise die zweitgrößte Stadt Südafrikas. Während Kimberley zunächst von Tausenden unabhängigen Diamantensuchern geprägt wird, übernehmen nach einigen Jahren kapitalstarke Konzerne das Geschäft. Zum erfolgreichsten Unternehmer wird der Engländer Cecil Rhodes, der schließlich nahezu den gesamten Diamantenabbau in der Region kontrolliert. Die harte Arbeit erledigen überwiegend schwarze Zuwanderer, die zum Zweck der perfekten Kontrolle in vom Rest der Stadt isolierten Lagern untergebracht werden.

1871

Die Briten nehmen ein auch vom Oranje-Freistaat beanspruchtes Gebiet mit den Diamantenfundstätten bei Kimberley als Griqualand West in Besitz. Benannt ist es nach den hier siedelnden Griqua, Angehörigen überwiegend von Khoikhoi abstammender Gruppen, die im 18. Jahrhundert mit Pferden und Schusswaffen ausgestattet aus der Kapkolonie gezogen sind.

1877

Im Griff von Briten und Buren

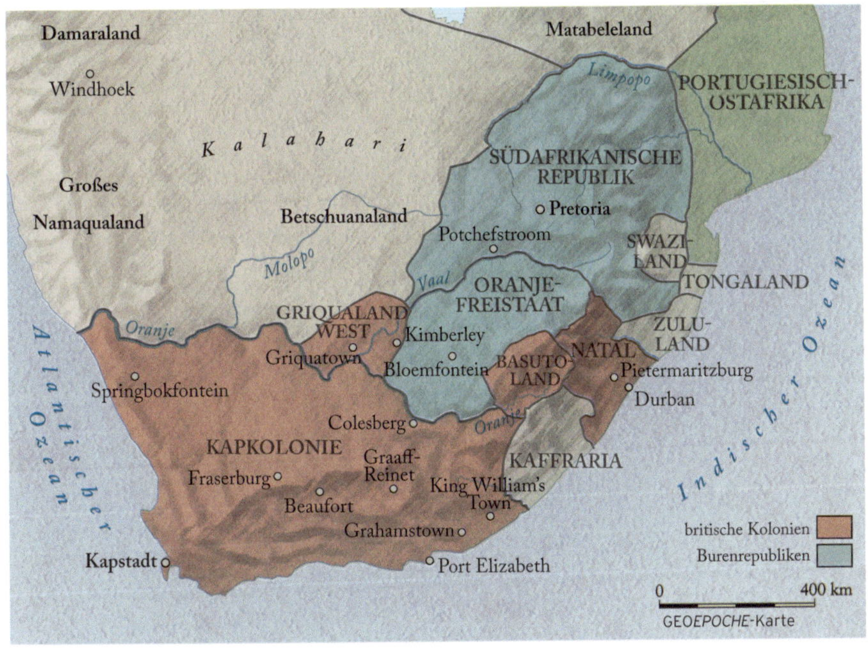

IM 19. JAHRHUNDERT bestimmt das Ringen zwischen den Briten, die 1806 die Kapkolonie erobern, und den im Binnenland zu Staatengründern gewordenen niederländischsprachigen Siedlern, den Buren, das Schicksal Südafrikas. Die Burenrepubliken werden 1902 britische Kolonien. Fast alle schwarzen Gemeinschaften kommen bis dahin unter weiße Herrschaft

1877

Britische Bewaffnete reiten in Pretoria, der Hauptstadt der Südafrikanischen Republik, ein und annektieren das Land für Großbritannien. Geringe Steuereinnahmen und ein verloren gegangener Krieg gegen die eingesessenen Pedi haben die Republik fast bankrott hinterlassen, eine Regierungskrise erschüttert zudem ihre Führung. Die Briten verfolgen mit der Annexion in den letzten Jahren aufgekommene Pläne, ganz Südafrika unter ihre Oberherrschaft zu bringen.

1879

22. Januar. Rund 20 000 Kämpfer des Zulu-Königs Cetshwayo überrennen ein mit knapp 2000 Soldaten besetztes britisches Feldlager – eine Demütigung für das Empire, dessen Truppen in Cetshwayos Reich eindrungen waren, um auch das Kernland der Zulu britischer Hegemonie zu unterwerfen. Bis zum Sommer gelingt es den Briten dennoch, den Zulu-König zu besiegen. 1897 schlägt London dessen ehemaliges Territorium der Kolonie Natal zu. Ende des 19. Jahrhunderts leben die meisten schwarzen Gemeinschaften Südafrikas unter britischer oder burischer Oberhoheit.

1880

Dezember. Angeführt von dem Politiker Paul Kruger beginnen Buren in Transvaal einen bewaffneten Aufstand gegen die britischen Besatzer. In diesem ersten größeren Waffengang zwischen Buren und Briten können die Buren ihre Gegner in den Drakensbergen in mehreren Schlachten besiegen. London stimmt im August 1881 einer Teilunabhängigkeit von Transvaal zu. Drei Jahre darauf kann der inzwischen zum Präsidenten der wiederhergestellten Südafrikanischen Republik gewählte Kruger de facto volle Unabhängigkeit für den Burenstaat aushandeln.

1886

Am Witwatersrand, einem Höhenzug im Süden der Südafrikanischen Republik, werden ergiebige Goldlagerstätten gefunden. Zehntausende strömen daraufhin in die Burenrepublik. Der zuvor ärmliche Staat steigt zum wirtschaftlichen Zentrum Südafrikas auf, aus dessen Minen 1898 mehr als ein Viertel des weltweit geförderten Goldes stammt. Mehr denn je drängen London und die Kapregierung nun auf Einfluss in Transvaal. Doch Kruger widersetzt sich britischen Versuchen, indirekt Kontrolle auszuüben.

1898

Präsident Paul Kruger verkündet die Einrichtung eines Wildreservats. Europäische Großwildjäger haben den Tierbeständen in Südafrika massiv zugesetzt. Im Reservat wird die Jagd nur begrenzt erlaubt, so sollen die Bestände sich dort erholen können. Es ist die Keimzelle des 1926 nach Präsident Paul Kruger benannten Kruger-Nationalparks.

1899

11. Oktober. Die Südafrikanische Republik und der mit ihr verbündete Oranje-Freistaat erklären Großbritannien den Krieg. Die Buren wollen einem britischen Angriff zuvorkommen. Die Kapkolonie hatte ihre Truppen an den Grenzen zu den Burenrepubliken verstärkt. Noch sind jedoch nur wenige britische Soldaten im Land, so

1981

Die Ära der Rassentrennung

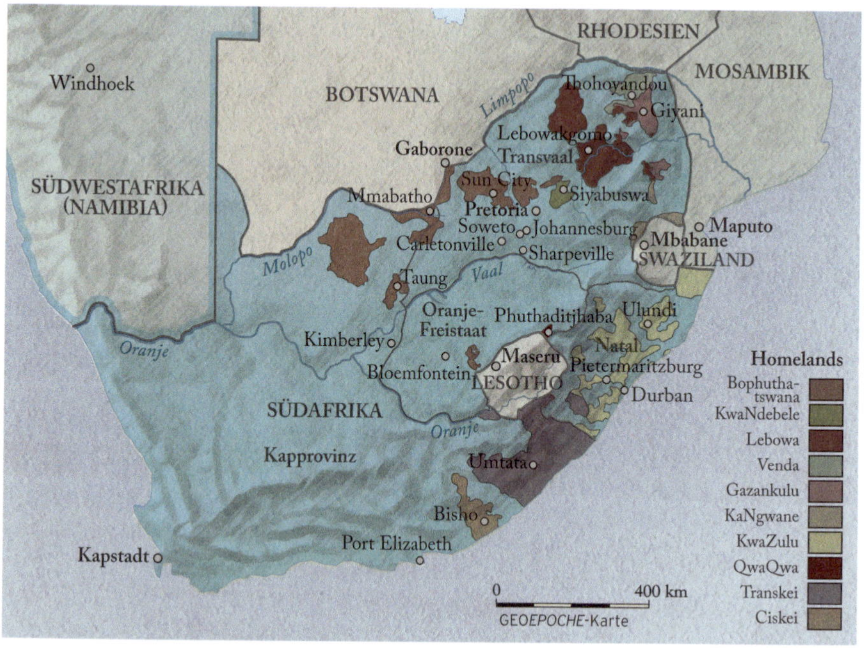

DAS APARTHEID-REGIME, das ab 1948 die Diskriminierung vor allem der schwarzen Südafrikaner systematisch verschärft, betreibt rigoros deren Absonderung von den Weißen. Es errichtet in den folgenden Jahrzehnten insgesamt zehn »Homelands« genannte, nach Ethnien getrennte Reservate – und siedelt Millionen Schwarze unter Zwang dorthin um

erzielen die Buren anfangs militärische Erfolge. Von London gesandte Verstärkungstruppen können jedoch bis zum Juni 1900 Bloemfontein, die Hauptstadt des Freistaats, und Pretoria einnehmen.

1900

Die britische Militärführung beginnt, burische Frauen und Kinder und deren schwarze Bedienstete in sogenannten Konzentrationslagern zu internieren. Viele von ihnen sind obdachlos, denn britische Soldaten brennen Zehntausende Gehöfte der Buren nieder. So wollen sie deren Kämpfer, die inzwischen auf einen Guerillakrieg setzen, zum Aufgeben zwingen. Durch die oft katastrophalen Bedingungen in den Lagern sterben mehr als 40 000 Menschen. Erst 1902 geben die Buren auf: Am 31. Mai schließen die Kriegsparteien ein Abkommen, demzufolge die Burenrepubliken britische Kolonien werden.

1910

Durch den Zusammenschluss der Kapkolonie, Natals sowie der zwei ehemaligen Burenrepubliken entsteht die Südafrikanische Union, die dem britischen Empire fortan als Dominion angehört: als innenpolitisch weitgehend autonomer, dennoch britischer Oberherrschaft untertaner Staat. Südafrikas Territorium ist damit in seinen heutigen Grenzen festgelegt. Begünstigt auch durch das im Unionsvertrag verankerte Wahlrecht, übernehmen von Buren getragene Parteien die politische Führung – zur Enttäuschung für Zehntausende Schwarze, die sich im Krieg aufseiten des Empire engagiert hatten, in der Hoffnung, dass die Briten ihnen mehr Rechte einräumen würde. Die von Buren dominierte Staatsführung betreibt fortan eine gezielte Diskriminierungspolitik gegen die schwarze Bevölkerung Südafrikas – mit Unterstützung allerdings eines großen Teils der britischstämmigen Weißen.

1912

8. Januar. In Bloemfontein gründen Delegierte aus allen Teilen der Union den „South African Native National Congress“ (ab 1923 „African National Congress“, kurz ANC), die erste größere Organisation und politische Partei der Schwarzen, die etwa 70 Prozent der Gesamtbevölkerung Südafrikas stellen. Den Anstoß dafür gab der geplante „Natives Land Act“, dessen Einführung die Vereinigung zu verhindern versucht. Das im Folgejahr verabschiedete Gesetz legt fest, dass Schwarze künftig einzig in ausgewiesenen Gebieten, die nur etwa sieben Prozent der Staatsfläche einnehmen, Land besitzen dürfen: de facto die Schaffung von Reservaten.

1923

Der „Natives (Urban Areas) Act“ setzt die räumliche Trennung von Weißen und Schwarzen fort: Das Gesetz gestattet es Stadtverwaltungen, schwarzen Einwohnern die Niederlassung in *locations* genannten Wohngebieten vorzuschreiben. Zudem können Schwarze, die über längere Zeit arbeitslos sind, in ein Reservat deportiert werden. In den Städten, in denen sie den wirtschaftlichen Interessen der Weißen zu dienen haben, werden Schwarze so zu nurmehr Geduldeten herabgewürdigt.

1931

11. Dezember. Das britische Parlament beschließt das sogenannte Statut von Westminster. Neben anderen Dominions wie Kanada und Australien gewährt es auch der Südafrikanischen Union die volle politische Unabhängigkeit von Großbritannien. Staatsoberhaupt bleibt jedoch der britische Monarch.

1932

Die Regierung beschließt die Aufgabe des Goldstandards. Die resultierende Entwertung der südafrikanischen Währung lässt den Goldpreis steigen. Die höheren Einkünfte aus dem Goldhandel tragen zu einem Industrialisierungsboom im bisher von Agrar- und Minenwirtschaft geprägten Land bei.

1948

26. Mai. Aus Parlamentswahlen geht die burische „Nationale Partei" als Sieger hervor. Die neue Regierung macht sich daran, die bereits bestehende Diskriminierung vor allem der Schwarzen unter dem Schlagwort „Apartheid" (Afrikaans für „Getrenntheit") zu verschärfen: Ab 1950 werden alle Einwohner offiziell einer der drei Kategorien „Weiße", „Schwarze" oder „Coloureds" zugeordnet (als weitere separate Gruppe kommen später „Asiaten" hinzu). Etliche neue Gesetze werden in den folgenden Jahren erlassen, bestehende Bestimmungen zugespitzt oder rigoroser angewendet, teils auch auf andere Gruppen ausgeweitet. Ziel des rassistischen Systems ist es, vor allem die Schwarzen in allen Bereichen des öffentlichen wie auch des privaten Lebens von den Weißen abzusondern.

1952

An Schwarze ab 16 Jahren werden künftig *reference books*

Polizisten schießen auf schwarze Schüler: eine erneute ESKALATION

ausgegeben, die sie jederzeit bei sich tragen müssen. Das Dokument enthält neben einem Foto Informationen unter anderem zu Wohnort, Straffälligkeiten und Arbeitsstatus, weist aus, wo sich die jeweilige Person aufhalten darf, und schränkt die Bewegungsfreiheit Schwarzer weiter ein.

1954

1. Januar. Fortan müssen schwarze Kinder und Jugendliche in eigens für sie eingerichteten staatlichen Schulen lernen. Auf dem Lehrplan stehen dort vor allem Fächer, die sie auf niedere Tätigkeiten vorbereiten, etwa als Landarbeiter. Oberhalb eines bestimmten Niveaus ist nach Ansicht des zuständigen „Ministers für Eingeborenenfragen", Hendrik Verwoerd, für die Schwarzen „kein Platz in der Gemeinschaft der Europäer".

1960

21. März. In Sharpeville, einem Wohnort für Schwarze, schießen Polizisten auf eine Gruppe überwiegend friedlicher schwarzer Demonstranten, die gegen die diskriminierende Passgesetzgebung protestieren. 69 Menschen kommen ums Leben. Das Massaker ist ein Fanal: Massenhaft versammeln sich Schwarze zu Protestmärschen. Die Regierung ruft den Ausnahmezustand aus und erklärt den ANC, mittlerweile die wohl bedeutendste Anti-Apartheid-Bewegung, und weitere Organisationen für illegal. Der ANC und andere gehen daraufhin in den Untergrund. Die Gewalt von Sharpeville verstärkt die internationale Ächtung Pretorias. Im April verabschiedet die UN eine von etlichen Resolutionen gegen das Apartheid-Regime.

1961

31. Mai. Die Republik Südafrika wird ausgerufen. An die Stelle der britischen Monarchin Elisabeth II. tritt ein Präsident als Staatsoberhaupt. Zuvor hatten in einem Referendum unter der weißen Bevölkerung 52 Prozent für diesen Schritt gestimmt: Ein Zeichen für den zunehmenden Nationalismus

MEHR KULTOBJEKT als einfache Hauptablage sind solche Kopfstützen. Dieses 19 Zentimeter hohe Exemplar stammt aus Swaziland, dem heutigen Eswatini, das nach langer Zeit unter burischer und britischer Herrschaft 1968 unabhängig wird

vor allem unter den Afrikaans sprechenden Weißen im Land.

16. Dezember. Der neu gegründete bewaffnete Arm des mittlerweile verbotenen ANC, „uMkhonto we Sizwe" („Speer der Nation", kurz MK), verübt erste Sprengstoffanschläge. Nelson Mandela, ein führender Akteur des schwarzen Widerstands, und weitere Aktivisten sehen den rein friedlichen Kampf für die Gleichstellung von Weißen und Schwarzen als gescheitert an. ANC und MK, die teils mit der „South African Communist Party" zusammenarbeiten, erhalten Unterstützung von der Sowjetunion. Das Apartheid-Regime nutzt das, um seine Verfolgung der Organisationen als Kampf gegen den Kommunismus zu inszenieren. Die USA, Gegner der Sowjetunion im Kalten Krieg, halten sich auch daher mit Kritik an Pretoria zurück.

1962

5. August. Nelson Mandela wird festgenommen. Im November verurteilt ein Gericht ihn unter anderem wegen Aufrufs zum Streik zu fünf Jahren Haft. Nach einer Razzia im MK-Hauptquartier und der Beschlagnahmung belastender Dokumente folgt im Juni 1964 die Verurteilung wegen Sabotage und Verschwörung zu einer lebenslangen Freiheitsstrafe. Mit Mandela erhalten weitere Köpfe des ANC und anderer Anti-Apartheid-Organisationen Gefängnisstrafen, die verbliebenen Anführer gehen ins Exil. Der schwarze Widerstand im Land ist praktisch niedergeschlagen.

1963

Die von Schwarzen bewohnten Barackensiedlungen im Südwesten von Johannesburg erhalten den kollektiven Namen „Soweto" (Abkürzung für „South Western Townships"). Bereits 1904 hatte die Stadtverwaltung damit begonnen, Schwarze aus der Innenstadt in einen eigenen Vorort zwangsumzusiedeln. Nach der Verabschiedung des „Natives (Urban Areas) Act" von 1923 sind viele weitere solcher *townships* entstanden, etwa das nun zu Soweto zählende Orlando, wo die weiße Obrigkeit einfache Behausungen ohne fließend Wasser oder Kanalisation errichten lässt. Vor allem an den Rändern der großen Städte entstehen unter der Apartheid weitere offizielle Townships, die in der Regel einer der staatlich anerkannten schwarzen Ethnien wie Zulu, Xhosa oder Tswana zugeordnet sind. Darüber hinaus wuchern hier aber auch wilde Siedlungen, in denen immer neue Zuzügler sich Unterkünfte mit Wellblechdächern bauen.

1966

Der deutsche Automobilhersteller Volkswagenwerk AG gründet eine Tochtergesellschaft in Südafrika. Auch zahlreiche weitere ausländische Firmen investieren in dem Staat, dessen weiße Mittelschicht einen wachsenden Absatzmarkt verspricht, unterhalten gute Beziehungen zum Apartheid-Regime und ziehen damit zunehmend internationale Kritik auf sich.

1970

Ein Gesetz schreibt jedem Schwarzen, unabhängig von seinem Wohnort, die Staatszugehörigkeit in einem sogenannten *Homeland* zu. Das Gesetz bedeutet de facto die Ausbürgerung Schwarzer aus der Republik Südafrika. Das Apartheid-Regime setzt mit

AUS DEN SCHALEN von Straußeneiern hergestellte Scheibchen dienen im südlichen Afrika über Jahrtausende als Zahlungsmittel – und als Schmuckperlen, hier aufgereiht zu einer Kette. Gefertigt wurde diese im heutigen Botswana, einer Region, in der bis in unsere Tage noch manche Gruppen der San leben

den Homelands einen weiteren Teil der Ideologie der räumlichen Trennung von Schwarzen und Weißen um, erschafft angeblich autonome schwarze Staaten, aus denen es jedoch nach Bedarf billige Arbeitskräfte in das weiße Südafrika einlassen kann. Insgesamt zehn der teils aus stark zersplitterten Gebieten bestehenden Gebilde, die jeweils einer der staatlich festgelegten schwarzen Ethnien zugewiesen werden, entstehen während der Apartheid-Zeit.

1976

16. Juni. Als in Soweto Schüler gegen die zwei Jahre zuvor verkündete Regelung demonstrieren, dass in höheren Klassen an Schulen für Schwarze künftig neben Englisch auch Afrikaans Unterrichtssprache sein soll, schießen Polizisten auf die Protestierenden. Landesweit brechen Unruhen aus, bei denen bis Ende Februar 1977 rund 600 Menschen sterben.

DAS HEUTIGE SÜDAFRIKA

Hort der gedämpften Hoffnung

NACH FAST 40 JAHREN Apartheid gelingt 1994 der Übergang zur Demokratie. Die erste schwarze Regierung unter Nelson Mandela ordnet auch das Land neu: Die Homelands werden wieder eingegliedert, aus den vier Provinzen des Apartheid-Staates, die noch den vormaligen Kolonien entsprachen, entstehen nun neun. Doch die Gleichberechtigung bleibt unvollendet: So leben viele Schwarze nach wie vor in Townships und Slums

1978

Der UN-Sicherheitsrat verdammt die völkerrechtswidrige Besatzung Namibias durch die Republik Südafrika, deren Streitkräfte dort seit 1966 Krieg gegen den militärischen Arm der marxistischen „South West Africa People's Organization" (SWAPO) kämpfen. Im Ersten Weltkrieg hatte die Südafrikanische Union die deutsche Kolonie Südwestafrika erobert und anschließend vom Völkerbund das Mandat für die Verwaltung des Gebiets erhalten – an der das Apartheid-Regime auch festhält, als die UN das Mandat für ungültig erklären. Der kostspielige Krieg gegen die Truppen der SWAPO und des benachbarten Angola, von Südafrika als Kampf gegen den Kommunismus deklariert, währt bis Ende der 1980er Jahre und trägt maßgeblich zur Zerrüttung des Apartheid-Staates bei. Namibia erlangt schließlich 1990 seine Unabhängigkeit.

1980

9. März. Mit der Schlagzeile „Free Mandela" stößt die südafrikanische Zeitung „Sunday Post" eine Kampagne zur Freilassung Nelson Mandelas an, die nicht nur in Südafrika zahlreiche Unterstützer findet. International wächst die Solidarität mit dem auf der Gefängnisinsel Robben Island vor Kapstadt inhaftierten Mandela. Vor allem in Großbritannien und den USA entstehen starke Anti-Apartheid-Bewegungen.

1982

Erstmals wird in Südafrika eine Infektion mit dem HI-Virus festgestellt. In den folgenden Jahrzehnten stecken sich zahllose Südafrikaner mit dem Erreger an, der die oft tödlich endende Immunschwäche AIDS verursachen kann. Heute sind mehr als acht Millionen infiziert, rund 14 Prozent der Gesamtbevölkerung. Die Zahl der Neuansteckungen und AIDS-Todesfälle wird jedoch voraussichtlich dank besserer Behandlungsmöglichkeite und verstärkter Aufklärung in Zukunft abnehmen.

1990

2. Februar. Der im Jahr zuvor vereidigte Präsident Frederik Willem de Klerk erklärt in seiner Rede zur Eröffnung des Parlaments Bereitschaft zu Verhandlungen mit der schwarzen außerparlamentarischen Opposition. Zudem kündigt er die Wiederzulassung des ANC und die Freilassung Nelson Mandelas an. Mit seiner Rede läutet de Klerk öffentlich das Ende der Apartheid ein. Die Regierung sieht sich vor allem

MISSIONARE verbreiten im 19. Jahrhundert das Christentum in Südafrika. Doch tradierte spirituelle Vorstellungen halten sich oftmals: So fürchten viele Zulu das Geisterwesen Tokoloshe, eine kleine, bösartige Kreatur, die Menschen im Schlaf angreift

durch die inzwischen gravierenden wirtschaftlichen Nachteile des Unterdrückungssystems zu diesem Schritt genötigt. Streiks belasten die Industrie, ausländische Investoren ziehen ihr Kapital ab. Nur neun Tage nach de Klerks Rede wird Mandela aus der Haft entlassen, in den Folgejahren fallen die Apartheid-Gesetze.

1994

26.–29. April. In den ersten freien und gleichen Parlamentswahlen in der Geschichte Südafrikas erhält der ANC mit Spitzenkandidat Nelson Mandela 62,6 Prozent der Stimmen. Mandela, kurz darauf zum ersten schwarzen Präsidenten vereidigt, bildet eine „Regierung der Nationalen Einheit“ aus ANC, der „Nationalen Partei“ und der von Zulu getragenen „Inkatha Freedom Party“. Seine Regierung lässt in den nächsten Jahren Millionen neuer Häuser bauen, zahlreiche Haushalte erhalten Strom- und Wasseranschlüsse. Sehr viele Menschen aber leben weiter in unzureichenden Baracken.

1998

Die von Erzbischof Desmond Tutu geleitete „Wahrheits- und Versöhnungskommission“ zur Aufarbeitung der Verbrechen unter dem Apartheid-Regime gibt ihren Abschlussbericht ab. Die Arbeit der Kommission ermöglicht die Aufklärung und Verfolgung zahlreicher Vergehen. Viele Taten bleiben jedoch ungesühnt, zumal Täter Amnestie erhalten können, sofern sie ihre Verbrechen vollständig gestehen. Dennoch wird die Kommission international zum Vorbild für den Umgang mit Verbrechen in diktatorisch regierten Staaten.

2009

Nachdem der ANC bei Parlamentswahlen erneut als Sieger hervorgegangen ist, wird ihr Vorsitzender Jacob Zuma Präsident Südafrikas. Das neue Staatsoberhaupt ist hochumstritten, mehrmals schon musste Zuma sich vor Gericht wegen unlauterer Geschäfte verantworten. Die bereits unter seinem Vorgänger Thabo Mbeki grassierende Korruption wird unter Zuma zum Regierungsprinzip. Der Präsident gehört einer nach dem Ende der Apartheid aufgestiegenen Elite in Politik und Wirtschaft an, die sich nun am Staat bereichert.

2012

16. August. Polizeieinheiten eröffnen das Feuer auf eine Gruppe streikender Bergarbeiter der Platinmine Marikana westlich von Pretoria: 34 Menschen sterben, zahlreiche werden verletzt. Dem blutigen Zusammenstoß waren tagelange Streiks Tausender schwarzer Minenarbeiter vorausgegangen, die höhere Löhne forderten. Vor allem für viele einfache Arbeiter in den Townships und Slums hat sich mit dem Ende der Apartheid nur wenig geändert, sie leben weiter in Armut.

2013

5. Dezember. Nelson Mandela stirbt in Johannesburg. Wie kein anderer stand er als Symbolfigur für den demokratischen Aufbruch Südafrikas und wurde für sein Bemühen um Versöhnung nach dem Ende der Apartheid weltweit gefeiert. Tatsächlich aber hatten bereits während seiner Amtszeit bis 1999 andere, etwa der damalige Vizepräsident Mbeki, die Politik bestimmt, die bald vom anfänglichen Kurs des Ausgleichs abwich.

2018

Nach dem Rücktritt von Präsident Zuma rückt Vizepräsident Cyril Ramaphosa in das höchste Amt im Staat auf. Viele hoffen, dass der Geschäftsmann und Veteran des Anti-Apartheid-Kampfes den Problemen des Landes erfolgreich entgegentreten wird. Doch Ende 2022 muss Ramaphosa sich gegen Geldwäschevorwürfe wehren. Weiterhin kommt es oft zu stundenlangen Stromausfällen, die seit Jahren die Wirtschaft belasten – auch sie ein Effekt der noch immer allgegenwärtigen Korruption.

Südafrikas bewegte Geschichte hat eine „Regenbogennation“ geschaffen, in der heute rund 60 Millionen Menschen mit unterschiedlichsten kulturellen Wurzeln zusammenleben und elf Amtssprachen gelten. Die Vielfalt bietet einen einzigartigen Nährboden, etwa für eine blühende Kunstszene in den großen Städten. Manche Kommentatoren kritisieren jedoch, dass das von Desmond Tutu geprägte Bild von der bunten Nation die harte Realität aus sozialen und politischen Konflikten verbrämt. Auch in Zukunft steht Südafrika vor enormen Herausforderungen. Hoffnung weckt die im Kampf gegen die Apartheid erstarkte Zivilgesellschaft, aus der sich zahlreiche Menschen gegen die Missstände engagieren. ◊

Obwohl das Apartheid-Regime die Trennung von Menschen unterschiedlicher Hautfarbe propagiert, braucht die weiße Minderheit in Südafrika Schwarze als Arbeitskräfte – auch als Nannys für ihre Kinder. Hier begleitet eine schwarze Hausangestellte ihre Schutzbefohlene bei einer Veranstaltung der „Nationalen Partei“, jener Partei, die die Apartheid 1948 offiziell eingeführt hat

BAUERN GEGEN

WELTREICH

Um 1900 wird Südafrika zum Schauplatz eines beispiellosen Krieges: Das britische Empire ringt erbittert um die Vorherrschaft über Land und Bodenschätze – gegen Truppen weißer Landleute. Auf beiden Seiten stehen aber auch viele Schwarze. In der belagerten und heftig umkämpften Stadt Mafeking führt einer von ihnen Tagebuch

TEXT: *Svenja Muche*

Hunderte Male lässt das Grollen der feindlichen Geschütze an diesem 25. Oktober 1899 seinen Körper erbeben, verbringt Sol Plaatje bange Sekunden, bis die Geschosse niedergehen und er das Krachen hört, das Splittern und Schreien. Bereits den zwölften Tag harrt der 23-Jährige, ein Angehöriger der Rolong, in der belagerten Kleinstadt Mafeking aus, einer Ansammlung aus einigen Dutzend Stein- und Holzhäusern an der Nordgrenze der von Großbritannien beherrschten Kapkolonie. So heftig aber war der Beschuss noch nie.

Die Belagerer sind Buren, Nachfahren der zumeist niederländisch-, deutsch- oder französischstämmigen Kolonisten, die sich seit Mitte des 17. Jahrhunderts in der Region am Kap der Guten Hoffnung angesiedelt hatten – und sie wollen nicht zulassen, dass die Briten nun die Herrschaft über die gesamte Weltgegend an sich reißen. Sie lassen an diesem Mittwoch einen scheinbar nicht enden wollenden Hagel aus Granaten über die Eingeschlossenen hereinbrechen. Das Bombardement ist der Auftakt für einen Versuch der Buren, Mafeking einzunehmen.

Schließlich stürmen sie auf die Stadt zu. Doch die aus ihren befestigten Stellungen um Mafeking mit Maschinengewehren und anderen Schusswaffen feuernden Verteidiger können sie zurückschlagen. Und so hat der Kampf um die Siedlung gerade erst begonnen – wie auch die Schlacht um ganz Südafrika.

Um das Jahr 1900 tobt zwischen dem Kap der Guten Hoffnung und dem Lauf des Flusses Limpopo rund 1800 Kilometer nordöstlich ein Krieg um Macht, um Land und Identität, aber auch um die Schätze, die hier in der

EINE APOTHEKE in Mafeking, getroffen von burischen Geschossen: Die Stadt liegt im Norden der von den Briten beherrschten Kapkolonie, deren Keimzelle einst Niederländer am Kap der Guten Hoffnung gegründet haben

afrikanischen Erde verborgen liegen. Es ist ein ungleiches Ringen: Das britische Weltreich, das mächtigste Imperium der Geschichte, steht gegen einige Zehntausend burischer Kämpfer, die allermeisten von ihnen Bauern. Die aber verteidigen verbissen das Land, das sie seit einigen Generationen ihre Heimat nennen, ja sie wagen es sogar, selbst die Offensive zu ergreifen und die Übermacht auf ihrem eigenen Territorium zu attackieren. Und zwingen London so zu immer größeren Anstrengungen.

Kein Ort wird für die Briten dabei wohl so große Symbolkraft erreichen wie Mafeking: Die Stadt, die sich dem Feind Woche um Woche, Monat um Monat widersetzt.

Dort beginnt Sol Plaatje vier Tage nach dem schweren Angriff vom 25. Oktober, seine Erlebnisse in einem Tagebuch niederzuschreiben. Es wird ein einzigartiges Zeugnis. Denn Plaatje, gebildet und sprachgewandt, arbeitet für die britische Verwaltung der Stadt und hat so Einblick in die Lebenswelt der weißen Bewohner von Mafeking, kennt durch seine

NACHDEM DIE BRITEN Anfang des 19. Jahrhunderts die Kapkolonie übernommen haben, wächst bei vielen Niederländisch sprechenden Siedlern – später Buren genannt – der Unmut. In den 1830er Jahren ziehen Tausende von ihnen auf großen Trecks (oben) ins Landesinnere und gründen dort – auf von schwarzen Gemeinschaften bewohntem Territorium – eigene Staaten

SOL PLAATJE arbeitet in Mafeking als Übersetzer bei der britischen Verwaltung, als der Krieg ausbricht, notiert fortan Tag für Tag seine Beobachtungen. Wie er unterstützen viele Schwarze die Briten, die vorgeben, nach ihrem Sieg den Schwarzen mehr Rechte zugestehen zu wollen

Herkunft aber auch die Sicht der Schwarzen, die hier leben.

Ohne die schwarze Bevölkerung wäre der Ort wohl bereits in den ersten Tagen gefallen. Zwar stellen Briten und Buren den Konflikt vor der Weltöffentlichkeit als Auseinandersetzung zwischen Weißen dar, doch die Schwarzen in Südafrika sind nicht nur von dem Krieg betroffen: Sie entscheiden ihn auch maßgeblich mit. Viele von ihnen, wie Sol Plaatje, engagieren sich aufseiten der Briten, die sich im Konkurrenzkampf mit den Buren als die wohlwollenderen Kolonialherren gerieren. Die Regierung in London behauptet sogar, den Krieg nicht zuletzt zu führen, um den Einheimischen Südafrikas ein besseres Leben zu ermöglichen. Dabei waren es Eigennutz und reines Gewinnstreben, welche die Briten einst hierhertrieben.

°

DIE RIVALITÄT ZWISCHEN Briten und Buren beginnt knapp ein Jahrhundert vor dem Angriff auf Mafeking. Im Jahr 1806 erobert Großbritannien die Kapkolonie an der Südspitze Afrikas von den unter der Vorherrschaft Napoleons stehenden Niederlanden, die nach dessen Niederlage das Gebiet 1814 auch offiziell den Briten überlassen müssen. Das Hauptinteresse der neuen Herren gilt zunächst dem im Westen der Kolonie gelegenen Kapstadt, das sie zu einem bedeutenden Umschlaghafen für den Handel zwischen Asien und Europa machen wollen.

MIT EINEM gewaltigen, in Frankreich erworbenen Geschütz feuern die Buren Tag um Tag auf das belagerte Mafeking

Mehr und mehr aber betrachtet London ganz Südafrika als seine Machtsphäre. Um die britische Dominanz zu sichern, wirbt die Führung am Kap Kolonisten aus der Heimat. Die eingesessenen Siedler in der Kapkolonie sehen sich bald mit Tausenden Neuankömmlingen aus Großbritannien konfrontiert, müssen mit kapitalstarken britischen Unternehmen um Landbesitz konkurrieren. Bei Gericht wird nun nicht mehr in niederländischer Sprache verhandelt, sondern auf Englisch. Wer es nicht beherrscht, muss sich einem Übersetzer anvertrauen. Auch die aus den Niederlanden übernommenen Verwaltungsämter und die traditionelle lokale Rechtsprechung werden durch Strukturen nach britischem Vorbild ersetzt.

Zudem wird 1834 in allen Kolonien des Empires die Sklaverei aufgehoben, in der Vorstellung vieler Siedler ein unzulässiger Eingriff in die göttliche Ordnung, die Weiße angeblich zu Herren über Schwarze erhebt – und eine erhebliche Einmischung in ihre Wirtschaftsweise: Zehntausende Männer und Frauen, meist Nachfahren von aus Asien oder Ostafrika verschleppten Menschen, arbeiten in Kapstadt oder auf den Feldern und Weingütern im Umland als Sklaven. Einige Jahre zuvor schon hatte der britische Gouverneur den einheimischen Khoikhoi, die oft in den Haushalten der Weißen Dienst tun oder deren Vieh hüten, das Recht auf freie Wahl ihres Arbeitsverhältnisses zugestanden.

Die praktischen Auswirkungen (und auch die ökonomischen Folgen) solcher Bestimmungen sind eher gering – doch viele der niederländischsprachigen Siedler, die sich selbst als „Afrikaners“ bezeichnen, von anderen hingegen zunehmend „Buren“ (von niederländisch *boer*, „Bauer“) genannt werden, empfinden das Vorgehen der britischen Obrigkeit mehr und mehr als unerträgliche Gängelei. Um weiterhin nach ihren eigenen Regeln leben zu können, verlassen Tausende von ihnen ab 1835 die Kapkolonie. Vor allem aus dem Grenzgebiet im Osten des britischen Territoriums ziehen sie in einer später „Großer Treck“ genannten Wanderung nach Norden. In Planwagen rumpeln Gruppen aus jeweils mehreren Familien mit ihren Bediensteten (Khoikhoi ebenso wie ehemalige Sklaven) und ihren Viehherden durch unwegsames Gelände, treiben ihre Ochsengespanne über Ebenen und Berge. Hunderte Kilometer weit, tief in das Hochland im Herzen Südafrikas. Manche ziehen weiter Richtung Ostküste, andere in immer fernere Gegenden im Nordosten.

Die Gebiete, in die sie kommen, sind dünn besiedelt, aber kein leeres Land. Schwarze Kämpfer wie die der Ndebele und der Zulu (siehe Seite 58) attackieren die Eindringlinge. Die formieren ihre Karren zu Wagenburgen und schießen die Angreifer aus dieser Deckung mit Gewehren nieder. So tragen die Buren mehrfach den Sieg davon.

Ende 1838 triumphieren sie etwa 150 Kilometer von der Küste des Indischen Ozeans entfernt in einer Schlacht über die Zulu. Das Gewässer, an dem sie ihren Sieg erringen, nennen sie danach „Bloedrivier“: Blutfluss. Ein Jahr später gründen die Buren in der Region einen eigenen Staat, die Republik Natalia. (Den Namen verdankt die Gegend dem portugiesischen Seefahrer Vasco da Gama, der sie 1497 an Weihnach-

GROSSBRITANNIEN GIERT NACH GOLD

ERSTMALS GREIFEN die Briten in den 1870er Jahren auf die Südafrikanische Republik aus, einen Burenstaat nördlich des Flusses Vaal. Doch der Widerstand ist unerwartet heftig. Am Berg Majuba erleiden britische Einheiten (oben) 1881 eine demütigende Niederlage

WEIT MEHR Menschen als in der weißen Stadt Mafeking leben in den Hütten einer nahen schwarzen Siedlung, die ebenfalls im Belagerungsring der Buren liegt

ten sichtete und daher nach dem portugiesischen Wort für das Fest, Natal, benannte.) Doch nur wenige Jahre später annektieren die Briten das Gebiet, um den an der Ostküste vorbeiführenden Seehandelsweg nach Asien unter Kontrolle zu behalten, und schlagen es der Kapkolonie zu.

Viele Buren verlassen Natal daraufhin wieder und ziehen zurück ins Binnenland, treffen auf dort verbliebene und neu hinzugekommene Migranten aus der Kapkolonie.

Die später als *Voortrekkers* bekannten burischen Gemeinschaften lassen sich an verschiedenen Stellen im Hochland und im Nordosten nieder, kämpfen gegen Schwarze und weitere hier lebende Gruppen und verbünden sich mit anderen, befehden sich auch untereinander und wehren sich gegen Versuche der Briten, ihren Einfluss über die Kapkolonie hinaus auszudehnen. Schließlich gelingt es ihnen, zwei von den Briten anerkannte Staaten zu gründen: 1854 den Oranje-Freistaat zwischen den Flüssen Oranje und Vaal, mit einer Fläche etwa so groß wie jene Englands, und bereits zwei Jahre zuvor die etwa doppelt so große Südafrikanische Republik nördlich des Vaal (nach seiner Lage jenseits des Flusses auch Transvaal genannt).

Die Schwarzen, die die Mehrheit der Bevölkerung stellen, besitzen in den Burenstaaten keinerlei Bürgerrechte und sind von jeder politischen Mitsprache ausgeschlossen. In der britischen Kapkolonie hingegen, die 1853 ein eigenes Parlament erhält, dürfen Männer unabhängig von Herkunft und Hautfarbe wählen, sofern sie Mindestanforderungen an Besitz oder Einkommen erfüllen. Die sind allerdings für die meisten Einwohner nichteuropäischer Abstammung unerreichbar. Auch in Natal, 1856 zur eigenständigen Kolonie erhoben, dürften Schwarze theoretisch wählen, bleiben durch die Anforderungen aber praktisch ausgeschlossen.

L

London lässt die Gründung der zwei burischen Republiken zu, denn das karge südafrikanische Binnenland scheint kaum lukrativ, und die Briten scheuen daher die Kosten, es unter ihre Herrschaft zu bringen und zu halten. Als dann aber um 1870 reiche Diamantvorkommen am Zusam-

menfluss von Vaal und Oranje entdeckt werden (siehe Seite 72), erwacht das imperiale Interesse am Landesinneren.

Im Kolonialministerium entstehen nun Pläne, ganz Südafrika unter britischer Oberherrschaft zu vereinen, um das Gebiet systematisch ausbeuten zu können. Vor allem soll der Zustrom von Arbeitern zu den Diamantenminen und auch zu den in Natal angelegten Zuckerrohrplantagen sichergestellt werden. Zudem kursieren bereits Berichte von Goldfunden nördlich des Vaal.

1871 annektiert London zunächst das Diamantenfundgebiet, auf das auch die Burenrepubliken Anspruch erheben, als Griqualand West – vorgeblich, um die Interessen der dort siedelnden Griqua zu schützen. Doch als sich in der Region lebende Schwarze und ein Teil der Griqua 1878 gegen die Kolonialherren erheben, schlagen die Briten den Aufstand nieder. Wenige Jahre darauf eignen sie sich mit dem nördlich angrenzenden Betschuanaland ein gewaltiges Territorium an, auch um dem Vordringen der Buren in diese Region zuvorzukommen.

Bereits 1877 sieht London die Gelegenheit, sich auch die Südafrikanische Republik einzuverleiben. Denn der nördliche der zwei Burenstaaten steht in diesem Jahr durch innere Machtkämpfe, einen verlorenen Krieg gegen die

ZUM KOPF DES burischen Widerstands gegen die Briten wird Paul Kruger, ab 1883 Präsident der Südafrikanischen Republik. Als Großbritannien erneut die Eroberung der Burenstaaten plant, kommt er ihnen 1899 mit einem Angriff zuvor

MIT DEM PRÄVENTIVSCHLAG der Buren von 1899 beginnt der Krieg. Die Armeen der meist bäuerlichen Siedler können die Mehrzahl der frühen Gefechte (hier der allerdings verlorene Kampf bei Elandslaagte) für sich entscheiden. Denn Großbritannien hat anfangs nur vergleichsweise wenige Truppen in der Region

Pedi und eine desaströse Finanzpolitik kurz vor dem Kollaps. So kann eine bewaffnete Truppe im Auftrag Londons fast ohne Gegenwehr in der Hauptstadt Pretoria einziehen und dort die Annexion verkünden.

Doch bald schon formiert sich Widerstand gegen die britische Herrschaft – angeführt vom Buren Paul Kruger. Der Patriarch mit dem markanten Kinnbart, der den „Großen Treck“ einst als Junge mitgemacht hatte, war zur Zeit der Machtübernahme Vizepräsident der Republik. Im Dezember 1880 ruft Kruger zum Kampf gegen die Besatzer auf. Umgehend umzingeln Rebellentruppen etliche britische Forts. In den folgenden Monaten besiegen sie Londons Einheiten in mehreren Schlachten zwischen den zerklüfteten Hängen der Drakensberge.

Die schwerste Niederlage fügen sie ihrem Gegner am 27. Februar 1881 zu. Britische Truppen haben in der Nacht zuvor Stellung auf dem Gipfel des Berges Majuba bezogen, von wo sie auf burische Stellungen hinabblicken können. Doch anstatt – wie wohl von den Briten erhofft – angesichts des in überlegener Position lauernden Feindes zu fliehen, stürmen die Buren nun die Hänge hinauf, überwältigen die überraschten Gegner. Auch wenn auf beiden Seiten nur einige Hundert Kämpfer an der Schlacht beteiligt waren: Das Fiasko von Majuba ist eine Demütigung für Großbritannien in diesem noch recht begrenzten Waffengang, den die Buren den „Ersten Freiheitskrieg“ nennen werden.

Doch die Briten, die zur gleichen Zeit in Südafrika Krieg gegen Zulu und Sotho führen, schrecken vor einer ernsthaften Auseinandersetzung mit den Buren zurück. Statt mehr Truppen zu schicken, lässt London seine Vertreter mit Kruger und weiteren Burenführern verhandeln.

Im August 1881 schließen sie ein Abkommen, das Transvaal innenpolitische Autonomie gewährt. Drei Jahre darauf erhält die wiederhergestellte Südafrikanische Republik de facto ihre volle Souveränität zurück. London ist wohl auch deshalb zum Nachgeben bereit, weil der Burenstaat kaum mehr zu bieten scheint als ärmliches Hinterland.

AUS WEITEN Teilen des Empires beordert London Truppen nach Südafrika, etwa dieses Regiment aus New South Wales in Australien

DOCH ABERMALS ÄNDERT sich diese Einschätzung mit dem Fund von Bodenschätzen: 1886 werden am Witwatersrand, einem Höhenzug im Süden der Republik, ergiebige Goldlagerstätten entdeckt. Ihr Abbau lässt Transvaal innerhalb weniger Jahre zum wirtschaftlichen Zentrum Südafrikas aufsteigen. Die Imperialisten in London und am Kap erkennen: Will Großbritannien seine Vormacht in Südafrika sichern, dann muss es die Kontrolle über die ganze Region gewinnen.

Paul Kruger, seit 1883 Präsident der Südafrikanischen Republik, widersetzt sich den Versuchen Londons, indirekt Einfluss über seinen Staat auszuüben, verweigert etwa den Eintritt Transvaals in eine Zollunion mit der Kapkolonie und Natal, verwehrt zudem den vom Goldrausch angelockten, überwiegend britischstämmigen Zugezogenen in seiner Republik das Wahlrecht.

IM BESCHUSS VERGEHT DIE HOFFNUNG

Daraufhin intrigieren Vertreter der Kapkolonie mit britischen, in Transvaal ansässigen Minenmagnaten und versuchen 1895, dort einen Staatsstreich zu initiieren. Die Aktion scheitert kläglich, und statt die Führung um Kruger zu beseitigen, steigert das Desaster dessen Beliebtheit unter den Buren weiter. Bei den Präsidentschaftswahlen im Februar 1898 erringt er eine klare Mehrheit, wird zum dritten Mal im Amt bestätigt. Am Kap und in London setzt sich in den Folgemonaten die Überzeugung durch, dass Großbritannien sich die Hoheit über Transvaal verschaffen müsse – wenn nötig durch Krieg.

Paul Kruger ahnt die Gefahr. Bereits 1897 hat er ein Verteidigungsbündnis mit dem Oranje-Freistaat geschlossen, in Deutschland, Frankreich, selbst in Großbritannien lässt er Waffen kaufen, um sein Land aufzurüsten. Als die Briten im Spätsommer 1899 Truppen entlang der Grenzen zusammenziehen, entschließt sich die burische Führung zum Präventivschlag: Nach kurzem Ultimatum erklären die zwei Republiken Großbritannien am 11. Oktober den Krieg, kurz darauf fallen ihre Kampfeinheiten in Natal und in der Kapkolonie ein.

London hat bis zu diesem Zeitpunkt nur zögerlich größere Truppenkontingente nach Südafrika entsandt, um vor der Welt nicht zu offen als Kriegstreiber aufzutreten. Etwa 15 000 Soldaten der Kolonialmacht müssen sich daher nun gegen den Ansturm von rund 35 000 Buren wehren. Schnell gelingt es den Burenarmeen, die vor allem aus Bürgermilizen bestehen, den Großteil der britischen Truppen bei der Stadt Ladysmith im nordwest-

EIN BURISCHER POSTEN bewacht eine Berggegend bei Ladysmith. Den Kämpfern der Republiken gelingt es in den ersten Monaten des Krieges, die Briten nicht nur in Mafeking, sondern auch in diesem Ort im östlich gelegenen Natal sowie in der Stadt Kimberley einzukesseln

MEHR ALS 200 TAGE dauert die Abschottung von Mafeking. Nur sonntags schweigen die Waffen, dann finden auf dem Hauptplatz der Stadt (unten) etwa Sportwettbewerbe statt

lichen Natal festzusetzen. Zudem beginnen sie mit der Belagerung von Mafeking und Kimberley, beide nahe den Grenzen zu den Burenrepubliken in der Kapkolonie gelegen. So versucht die burische Führung, einem Angriff der Briten auf ihre eigenen Territorien zuvorzukommen und den Gegner zu einem für sie günstigen Friedensschluss zu drängen, bevor das Empire noch weitere Truppen nach Südafrika beordert.

o

AM 13. OKTOBER erreichen rund 6000 Buren das in einer staubigen Ebene gelegene Mafeking. An vier Seiten der Kleinstadt schlagen sie ihre Lager auf, heben Schützengräben aus und errichten mit Sandsäcken gesicherte Artilleriestellungen.

Doch sie umzingeln nicht nur das von Weißen gegründete Städtchen: Unweit davon liegt die gleichfalls eingekesselte Siedlung mit den runden, strohgedeckten Hütten von rund 5000 Angehörigen der Tshidi BaRolong, eines Zweiges der Rolong. Dies ist ihre Hauptstadt, deren Namen Mafikeng die Briten in leicht abgewandelter Form übernommen haben, als sie 1885 einige Hundert Meter nordöstlich ihren eigenen Stützpunkt errichteten.

Die Tshidi haben sich schon vor Jahren mit den Briten gegen die Buren verbündet, die ihnen ihre früheren Weidegründe streitig gemacht hatten. Zwischen dem Ort der Weißen mit seinen etwa 1500 Einwohnern und der von den Menschen in Mafeking auch einfach *stad* (niederländisch für „Stadt“) genannten Tshidi-Siedlung verlaufen die Schienen der aus der Kapkolonie in die nördlich gelegenen, ebenfalls britisch beherrschten Gebiete führenden Eisenbahnlinie, die Mafeking seine Bedeutung gibt. In dem belagerten Bereich eingesperrt sind auch weitere rund 2000 Schwarze, die sich kurz nach Kriegsbeginn hierher geflüchtet hatten. Und zudem Schwarze aus anderen Teilen Südafrikas, die schon zuvor als Arbeiter oder Bedienstete der Weißen nach Mafeking gekommen waren.

Das Kommando über die Verteidiger führt Robert Baden-Powell. Der schlanke, schnauzbärtige und ausgesprochen selbstbewusste britische Oberst befehligt neben den zusammen rund 750 Mann starken regulären Armee- und Polizei-Einheiten auch etwa

450 weiße Freiwillige aus der Stadt und ein Kontingent von knapp 70 Coloureds aus der Kapregion (wo diese Bevölkerungsgruppe einst aus Khoikhoi und Sklaven, teils auch deren Verbindungen mit Europäern, hervorgegangen ist) sowie etwa ebenso viele zugezogene Schwarze. Erst im Laufe der Monate werden auch die Bewohner der Rolong-Siedlung hinzugezogen, denen Baden-Powell den Dienst an der Waffe zunächst nicht zugestehen will. Doch es sind vor allem Schwarze, die auf Baden-Powells Order hin Verteidigungsanlagen um Mafeking und die Stadt errichten. Schützengräben schaufeln, Sandsäcke für befestigte Stellungen, von den Verteidigern Forts genannt, aufschichten, die Mafeking schließlich in einem Ring umgeben.

B

Bis Kriegsende werden in ganz Südafrika bis zu 120 000 Schwarze und Coloureds aufseiten der Briten an der Auseinandersetzung teilnehmen. Bei den Buren sind es weniger, vielleicht 25 000. Die Briten setzen sie als Karrenlenker, Scouts, Boten ein – Zehntausende aber auch als Kämpfer. Lange herrschen allerdings vor allem in der kolonialen Verwaltung am Kap und in Natal schwerwiegende

NACH MASSIVER Aufstockung ihrer Truppen glauben sich die Briten im Sommer 1900 als sichere Sieger. Doch nun verlegen sich die Buren auf den Guerillakampf und attackieren – wie hier an Weihnachten 1901 bei Tweenfontein – die Gegner aus dem Hinterhalt

DER OFFIZIER Robert Baden-Powell befehligt die Verteidiger von Mafeking. Um die Versorgung des Ortes zu gewährleisten, lässt er Lebensmittel rationieren und benachteiligt dabei bewusst die schwarzen Bewohner

Bedenken, Schwarze zu Soldaten zu machen: Die „Eingeborenen" (englisch *natives*) seien nicht in der Lage, sich an die Regeln der „zivilisierten" Kriegsführung zu halten; und sie könnten Zweifel an der Überlegenheit der Weißen bekommen, wenn diese für einen Sieg auf ihre Hilfe angewiesen wären. Ihrerseits sehen viele Schwarze die Briten quasi als kleineres Übel. Zudem glauben manche wohl der britischen Propaganda, die behauptet, London würde den Krieg auch führen, um ihr Los zu verbessern.

Zu jenen, die es mit den Briten halten, gehört Solomon Tshekisho Plaatje. Einst in der Schule einer von deutschen Missionaren betriebenen Station ausgebildet, hat er einige Jahre als Telegrammbote in der Diamantengräberstadt Kimberley gearbeitet, ehe er sich um den vielversprechenderen Posten als Schreiber und Übersetzer am örtlichen Gericht in Mafeking bewarb. Plaatje beherrscht neben seiner Muttersprache Tswana auch Englisch, Niederländisch und Deutsch sowie Xhosa und Sotho. In Mafeking wohnt er in der *stad* bei einem angesehenen Tshidi, mit dem seine Familie bekannt ist.

°

EINIGE TAGE NACH dem erfolglosen Sturmversuch der Buren vom 25. Oktober 1899 schreibt Plaatje in sein Tagebuch: „Keine Musik ist so packend und so immens fesselnd, wie dem Feuer der Kanonen der eigenen Seite zu lauschen." Geschützlärm ist die ständige Begleitmelodie im Belagerungsalltag. Fast täglich explodieren Granaten in der Stadt, zischen Gewehrkugeln durch die Straßen. Wenn Plaatje sich auf den Weg von der *stad* zu seinem Arbeitsort am Sitz des britischen Verwaltungskommissars macht, einem schlichten, an einem weitläufigen Platz gelegenen Gebäude, lauscht er auf das ferne Knattern der Maschinengewehre, auf die Glocke, die vor eingehenden Geschossen warnt, um sich rechtzeitig in Sicherheit bringen zu können.

Am 31. Oktober beobachtet Plaatje im Südosten, wie eine Staubwolke eine der von den Verteidigern um Mafeking errichteten Stellungen umhüllt, aufgewirbelt auf den Boden prallenden Projektilen. Die Buren versuchen, das Fort zu stürmen, doch wieder schlagen Baden-Powells Truppen sie zurück. Im Kampf fällt ein Freund Plaatjes, ein britischer Offizier. Er wird nicht der letzte sein, den der junge Mann betrauert.

Trotz der ständigen Gefahr sind die meisten der Eingeschlossenen in den ersten Wochen optimistisch. Wie Plaatje glauben sie an die Überlegenheit der britischen Streitkräfte und rechnen damit, bald befreit zu werden. Als Mitte November jedoch noch immer keine Entsatztruppen eingetroffen sind, wird Plaatje langsam unruhig.

Da beobachtet er am 18. November mit seinem Feldstecher, dass ein Teil der Einheiten aus den Lagern der Buren abzieht. Tatsächlich folgt der Großteil der Kämpfer vor Mafeking einem Beistandsgesuch der Buren vor Kimberley, nur rund 1500 Mann bleiben zurück – denn die Briten beginnen in diesen Tagen mit einem Gegenschlag. Rund 20 000

AUF DEN Guerillakrieg der Buren reagieren die Briten mit brutaler Härte und einer Strategie der verbrannten Erde (burische Kriegsgefangene auf dem Weg in ein Lager)

Soldaten der von London gesandten Verstärkungstruppen rücken auf das 330 Kilometer südlich von Mafeking gelegene Kimberley zu, während andere Einheiten versuchen, die inzwischen in den Osten der Kapkolonie eingefallenen Buren zurückzudrängen. Zugleich stoßen in Natal große britische Kontingente in Richtung des belagerten Ladysmith vor.

Doch die britischen Offiziere erschöpfen ihre Soldaten in Gewaltmärschen, manche Einheiten verlieren in dem unbekannten Terrain die Orientierung, es mangelt an militärischer Aufklärung und strategischer Führung. Den Buren gelingt es immer wieder, ihre Gegner in Hinterhalte zu locken und ihnen enorme Verluste zuzufügen. Nach einer Reihe desaströser Niederlagen innerhalb nur weniger Tage Mitte Dezember, die in England als „Schwarze Woche“ in die Geschichte eingehen werden, gilt die britische Offensive als gescheitert.

I

Im belagerten Mafeking verdüstert sich die Stimmung, je länger die Befreiung ausbleibt. Die vor der Stadt verbliebenen Burentruppen setzen offenbar auf eine Zermürbungsstrategie, versuchen nicht mehr, Mafeking zu erstürmen, sondern terrorisieren die Eingeschlossenen mit fortgesetztem Beschuss.

Immerhin: Beide Seiten haben sich bereits zu Beginn auf eine sonntägliche Waffenruhe geeinigt. Die Belagerten in der weißen Siedlung nutzen sie bald für Konzerte, Pferderennen, Fußball- und Polo-

GNADENLOSIGKEIT BRINGT DEN SIEG

ERST IM MAI 1902 besiegelt ein Abkommen zwischen Buren und Briten das Ende eines opferreichen Konflikts. In den Straßen von London feiern die Menschen (oben) – wohl eher aus Erleichterung als in einem Gefühl echten Triumphes

turniere. Um die Moral zu heben, streift Oberst Baden-Powell sich ein Narrenkostüm über und gibt Varieté-Vorstellungen.

Doch die Lage wird ernster: Die in Mafeking angehäuften Lebensmittelvorräte sind zwar groß, aber nicht unerschöpflich. Bereits im November hatte Baden-Powell mit ersten Rationierungsmaßnahmen begonnen, unter anderem Schwarzen verboten, Brot zu kaufen. Ladenbesitzer und Kaufleute mussten ihre Getreidevorräte an die Militärverwaltung ausliefern, die das Korn in pro Haushalt festgelegten, knapp bemessenen Rationen an die schwarzen Bewohner verkauft. Dann verschärft Baden-Powell die Einschränkungen, auch Privatpersonen müssen ihr Mehl und Getreide aushändigen, sodass sie nicht mehr verbrauchen können als die kleine Menge, die sie erwerben dürfen. Immer mehr Lebensmittel kommen auf die Rationierungsliste, Zucker, Reis, Hafer. Im Januar verbietet der Kommandant auch den Weißen, unbegrenzt Nahrungsmittel zu kaufen.

Für Schwarze beginnen die Regelungen nicht nur früher, sie fallen auch deutlich härter aus als für Weiße, sie erhalten kleinere und weniger nahrhafte Rationen zugeteilt – und mitunter tagelang nicht einmal die. Während ein Hotel im Ort der Weißen zu Weihnachten 1899 noch Austerpasteten, Spanferkel, Kalb und etliche weitere Fleischsorten kredenzen, suchen arme Schwarze, so vermerkt es eine weiße Bewohnerin in ihrem Tagebuch, auf Abfallhaufen nach Essbarem, graben die Kadaver von Pferden aus und schneiden von ihnen Fleisch ab, um es zu vertilgen.

°

PLAATJE GEHÖRT ZU den Privilegierten, als Angestellter der Verwaltung erhält er mehr und bessere Verpflegung als die anderen Schwarzen. Doch ärgert er sich über die Rücksichtslosigkeit, mit der die britischen Offiziere die Rationierung durchsetzen. Die, so schreibt er in seinem Tagebuch, „von den Eingeborenen und ihrer Lebensweise so wenig wissen, wie sie vom Mann im Mond und dessen Lebensweise wissen".

Grundsätzlich aber hält er zu seinen Dienstherren, die ihn mit immer mehr Aufgaben betrauen. Häufig befragt er nun Kundschafter, übersetzt ihre Berichte und fasst sie für seinen Vorgesetzten schriftlich zusammen. Denn Mafeking ist nicht völlig isoliert, vor allem Schwarze tragen Informationen unter Lebensgefahr durch die Linien der Buren. Zwar haben diese die Telegrafenverbindung gekappt, doch durch die Lichtsignale sogenannter Heliografen besteht weiterhin die Möglichkeit, Informationen über große Distanzen auszutauschen – zumindest bei Sonnenschein. So können Journalisten in der Stadt der Außenwelt über die Vorgänge in Mafeking berichten – und die Bewohner erhalten Nachrichten über das Kriegsgeschehen draußen. Die aber sind oft widersprüchlich. Und manchmal dringt tagelang gar nichts zu den Eingeschlossenen durch.

Anfang Januar bricht erstmals der Frust aus Plaatje heraus: Die Menschen in Mafeking seien Angehörige „des reichsten und

IN DER ZWEITEN Hälfte des Krieges haben die Briten systematisch burische Farmen zerstört, um den feindlichen Kämpfern die Versorgung zu erschweren, und deren Familien in sogenannte »Concentration Camps« gesperrt. Zehntausende der Internierten sterben in den Lagern

stärksten Empire der Erde", schreibt er, „und doch haben die Bürger eines kleinen Staates uns nun schon drei Monate erfolgreich belagert".

Tatsächlich macht das Empire sich in diesen Tagen daran, mit schierer Masse die Streitkräfte der Buren zu überwältigen, deren Soldaten zunehmend ausgelaugt sind von den Kämpfen oder monatelangem Blockadedienst.

Indes landen in Kapstadt aus weiten Teilen des Empire zusammengezogene Soldaten in großer Zahl. Anfang 1900 ist die britische Streitkraft in Südafrika bereits mehr als 180 000 Mann stark – und wächst weiter. Doch von der Westgrenze des Oranje-Freistaat, wo sich Truppen für einen gewaltigen Feldzug sammeln, bis nach Mafeking sind es mehr als 400 Kilometer.

Dort erreicht Baden-Powell eine Nachricht der britischen Militärführung, ausgegeben am 21. Januar: Er soll zusehen, dass die Vorräte in der Stadt noch für vier Monate ausreichen – und so viele Frauen, Kinder und „Eingeborene" als möglich aus der Stadt schaffen. Der Oberst fasst daraufhin Anfang Februar einen Beschluss, der ihm später viel Kritik einbringen wird. Er verkündet, nach dem 20. Februar die Abgabe von Lebensmitteln an die rund 2000 schwarzen Geflüchteten einzustellen. Zudem weist er ein weiter nördlich im heutigen Botswana liegendes britisches Regiment an, gut 60 Kilometer von Mafeking entfernt ein Versorgungsdepot anzulegen, zu dem sich die aus dem Belagerungsring Entwichenen durchschlagen sollen. So will Baden-Powell sicherstellen, dass die Vorräte wenigstens für die Weißen sowie die in Mafeking fest ansässigen Schwarzen und Coloureds reichen.

Als sich kurz vor Fristende noch immer kaum jemand durch die Linien der Buren hinausgewagt hat, erhält Plaatje, der auch als Verbindungsmann der Briten zu den Schwarzen dient, von der Stadtverwaltung die Anweisung, möglichst viele zu einem großen Exodus zu bewegen.

Zwei Tage reitet er durch die *stad* und die Lager der Geflüchteten, von Hütte zu Hütte, Zelt zu Zelt. Er redet gut zu, gibt Anweisungen, wo die Fluchtwilligen sich versammeln sollen.

900 Menschen kommen schließlich am Abend des 27. Februar 1900 an der Eisenbahnlinie zusammen. Nahezu ohne bewaffneten Geleitschutz tastet sich die Gruppe auf den Belagerungsring zu. Da hallen Schüsse durch die Dunkelheit. Die Buren feuern auf die Fliehenden, die zurück in die Stadt rennen.

In den folgenden Wochen schaffen es immer wieder kleinere Gruppen aus der Stadt, doch es sind vor allem viele ansässige Rolong, die sich nun zu Bekannten im Umland durchschlagen. Die meisten Geflüchteten hingegen wagen sich nicht an den Gewehren der Buren vorbei – und nicht wenige, die es dennoch versuchen, sterben durch deren Kugeln.

Z

Zunehmend beherrscht der Hunger die Menschen in Mafeking, spätestens ab Februar auch viele Weiße. Am größten bleibt die Not jedoch unter den Schwarzen. Sol Plaatje sieht nahe seinem Arbeitsplatz einen Mann vor Entkräftung tot zu Boden sinken. Baden-Powell lässt für sie schließlich Suppenküchen einrichten, die eine Brühe aus Hafer und Pferdefleisch ausgeben. Bald stehen dort ausgemergelte Gestalten Schlange, doch die Nahrung, die sie erhalten, reicht kaum, um die Menschen am Leben zu halten.

Wie viele Menschen in Mafeking verhungern, zählt niemand, Schätzungen gehen von etlichen Hundert aus. Historiker werden Baden-Powell später vorwerfen, er habe Schwarze planmäßig sterben lassen, um mehr für die Weißen zu horten. Tatsächlich gibt er diesen den Vorzug und nimmt damit das größere Leid der Schwarzen in Kauf. Und erst als viele Rolong ihre Siedlung verlassen, nutzt er die frei werdenden Rationen, um andere Schwarze zu versorgen.

Aus Not stehlen manche Essbares – und einige werden dafür mit Baden-Powells Billigung zur Abschreckung mit dem Tod bestraft. Auch wer verurteilt wird, weil er Informationen an die Buren weitergegeben haben soll, muss sterben. Plaatje dolmetscht bald nicht nur bei Prozessen, sondern muss auch Verurteilte zu ihrer Hinrichtung begleiten. Während die Erschießungskommandos sich bereit machen, lauscht er den letzten Worten der Unglücklichen und übersetzt sie für die anwesenden britischen Offiziere und Beamten. Ein Verurteilter bittet darum, ihm die Augenbinde, die den Todgeweihten vor der Erschießung angelegt wird, noch einmal abzunehmen. Er will einen letzten Blick auf den Ort werfen, in dem er sein gesamtes Leben verbracht hat.

Die von Projektilen durchlöcherten Körper der Hingerichteten, von Hunger verzehrte Leiber in den Straßen, das ständige Sterben im Artilleriefeuer der Buren – vielleicht sind es diese Erlebnisse, die Sol Plaatje davon abhalten, sein Tagebuch weiterzuführen. Am 30. März verfasst er seinen letzten Eintrag. Möglich, dass er die Schrecken der Tage fortan nicht noch einmal im

KAMPF UM LAND 1899–1902

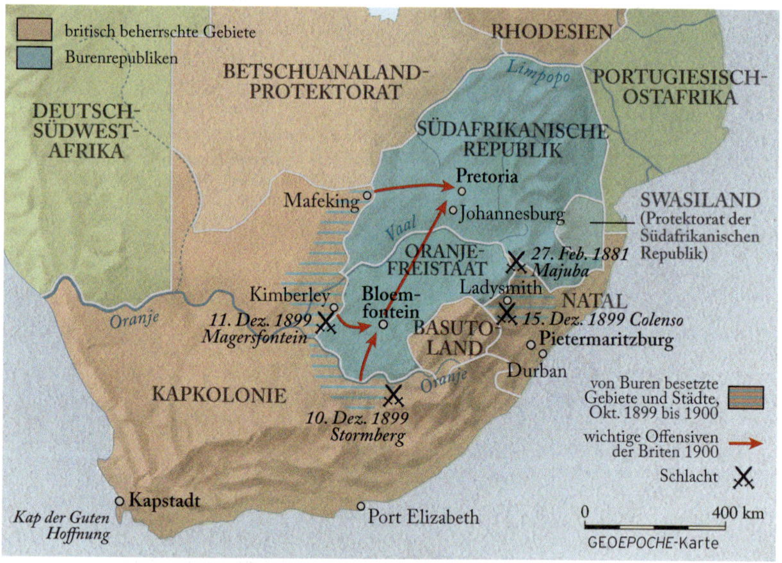

ALS DER SÜDAFRIKANISCHE KRIEG beginnt, kontrolliert London bereits den Großteil der Region, will aber zudem die beiden Burenstaaten, Südafrikanische Republik und Oranje-Freistaat, unter seine Oberherrschaft zwingen. Die erste Kriegsphase spielt sich dennoch meist auf britischem Territorium ab – ehe das Empire mit Wucht zurückschlägt

Rückblick, bei der Niederschrift, durchleben will.

Derweil rücken die verstärkten britischen Streitkräfte mit Macht voran, befreien am 15. Februar Kimberley und marschieren in der Folge auf Bloemfontein, die Hauptstadt des Oranje-Freistaats. Rund 100 Kilometer von der Kapitale entfernt muss sich Ende Februar eine Armee der Buren den Briten ergeben. Die Kunde von der Kapitulation erschüttert die Moral in den Republiken. Nach weiteren Niederlagen der Buren fällt Bloemfontein am 13. März fast kampflos an die Briten. Und bereits zwei Wochen zuvor konnten Truppen des Empire auch Ladysmith in Natal entsetzen.

Nur Mafeking wartet nun noch auf die Befreiung. Doch ein Kommando von 2000 Mann kämpft sich im Mai von Kimberley aus nach Norden durch. Die Entsatztruppen sind nur noch wenige Kilometer von Mafeking entfernt, als ein neu mit Verstärkung eingetroffener Burenoffizier die festgefahrene Lage dort beenden will und mit einigen Hundert Mann einen letzten, verzweifelten Einnahmeversuch unternimmt. Am frühen Morgen des 12. Mai schleichen die Buren sich in die *stad* und legen dort Feuer. Während Flammen aus den Strohdächern der Hütten schießen, die Menschen durcheinanderrennen, gelingt es den Buren, das nur mit wenigen Mann besetzte Polizeilager nördlich der Tshidi-Siedlung einzunehmen. Doch dort können Briten und Tshidi-Kämpfer sie umzingeln und zur Aufgabe zwingen. Als die Befreiungstruppen vier Tage darauf vor Mafeking eintreffen, stoßen sie bei den müden und entmutigten Belagerern kaum noch auf Widerstand.

Am 17. Mai endet die längste Belagerung des Krieges. Nach 217 Tagen Hoffnung und Furcht, Hunger, Tod, Verzweiflung und erneuter Hoffnung. Viele Menschen in Mafeking sind vermutlich zu erschöpft, um zu feiern. Auf dem Hauptplatz der Stadt findet nur eine kleine Siegesparade statt.

Umso stürmischer ist der Jubel in England. Dort war Mafekings Durchhalten über Monate einer der wenigen Lichtblicke in einem Krieg, der für Großbritannien lange vor allem aus schmählichen Niederlagen bestand. Als die Nachricht von der Befreiung die Heimatfront erreicht, versammeln sich die Menschen in den Straßen, trinken auf das Ereignis, singen; Marschkapellen spielen auf, Feuerwerke explodieren.

London scheint unaufhaltsam dem Sieg entgegenzustreben. Am 5. Juni ziehen die Briten in Pretoria ein, ohne auf Widerstand zu treffen. Nach dem Oranje-Freistaat annektiert der Oberbefehlshaber der britischen Streitkräfte in Südafrika, Feldmarschall Frederick Roberts, am 1. September auch die Südafrikanische Republik offiziell für das Empire.

Paul Kruger, der sich nach dem Fall seiner Hauptstadt im Hinterland abgesetzt hatte, flieht zehn Tage später in das von Portugal kontrollierte Mosambik, besteigt dort im Oktober einen Dampfer nach Europa. Der Burenführer stirbt 1904 in der Schweiz. Bereits zwei Tage nach Krugers Flucht aus Südafrika erklärt Roberts den Krieg für effektiv gewonnen.

Eine vorschnelle Verkündung, wie die Briten sehr bald erkennen müssen. Denn sie beherrschen zwar die großen Städte, in den Weiten des südafrikanischen Hinterlands aber haben sich die Buren bereits neu formiert und zwingen ihre Gegner in einen zähen Guerillakrieg. Um den Feind vollends niederzuringen, gehen die britischen Militärs immer skrupelloser vor. Mit einem weit gespannten Netz aus Stacheldrahtzäunen und kleinen Forts versuchen sie, den Burenverbänden die Rückzugsmöglichkeiten zu versperren. Sie brennen Zehntausende Gehöfte nieder, vernichten Ernten und erstechen Vieh, um den gegnerischen Kämpfern die Versorgung zu erschweren.

Die auf diese Weise obdachlos gewordenen Frauen und Kinder sperren sie in sogenannte „Concentration camps" (eine der frühesten Verwendungen des Begriffs „Konzentrationslager"), um jede Unterstützung der kämpfenden Buren zu unterlaufen und deren Moral zu brechen. Mehr als 40 000 Menschen sterben in den Lagern an Unterernährung und Seuchen – darunter viele Schwarze. Denn die Briten sperren die Arbeiter und Hausangestellten der Burenfamilien sowie vertriebene Schwarze in eigene Camps, wo sie unter weit schlechteren Bedingungen leben als die weißen Internierten und auch noch Zwangsarbeit leisten müssen.

Das brutale Vorgehen Großbritanniens zeigt Wirkung: Am 31. Mai 1902 schließen die vom Krieg erschöpften Kontrahenten ein Friedensabkommen, in dem Vertreter der Burenrepubliken anerkennen, dass ihre Staaten fortan britische Kolonien sind.

Sol Plaatje und die vielen anderen Schwarzen, die an der Seite der Briten gestanden haben, stellen nun jedoch fest, dass es London nach den verlustreichen Kämpfen vor allem darum geht, die Interessen britischer Unternehmer in Südafrika abzusichern – und dazu bald große Bereitschaft zeigt, die Buren zu befrieden. Die Schwarzen aber brauchen die Briten vor allem als billige Arbeitskräfte – ihre Rechte zu stärken, wie teilweise noch während des Krieges versprochen, ist für Großbritannien nun kein Thema mehr.

In der 1910 gegründeten Südafrikanischen Union, einem Zusammenschluss der Orange River Colony und Transvaal genannten ehemaligen Burenrepubliken, der Kapkolonie und Natals, übernehmen von Buren dominierte, aber auch von britischstämmigen Weißen unterstützte Parteien die innenpolitische Führung. Nach und nach schließt die weiße Elite Schwarze vollständig von der politischen Teilhabe aus, erschwert ihnen systematisch den Zugang zu Land und einträglichen Berufen.

Sol Plaatje, der inzwischen als Journalist arbeitet, versucht sich dagegen zu wehren. Mit Gleichgesinnten gründet er 1912 eine Organisation, aus der später der African National Congress (ANC) hervorgehen wird, die führende Oppositionsbewegung gegen die Rassentrennung in Südafrika. Plaatje selbst steigt schnell zu einem der wichtigsten Streiter für die Rechte der Schwarzen auf, setzt sich unermüdlich dafür ein. Bis zuletzt.

Als Sol Plaatje am 19. Juni 1932 stirbt, beweist die von Briten und Buren geschaffene Nachkriegsordnung, die Menschen wie ihn in immer fortschreitendem Maße benachteiligt und entrechtet, jedoch: Die schwarze Bevölkerung ist der eigentliche Verlierer im jahrelangen Ringen um Südafrika. ◊

LITERATURTIPPS

J. COMAROFF, B. WILLAN (HG.)
»The Mafeking Diary of Sol T. Plaatje«
Plaatjes originales Tagebuch samt Hintergrundinformationen (Frank Cass).

BILL NASSON
»The Boer War – The Struggle for South Africa«
Gute Gesamtdarstellung (The History Press)

IN KÜRZE

Die Rivalität zwischen Buren und Briten in Südafrika nimmt im Laufe des 19. Jahrhunderts zu – bis um 1900 der Konflikt, angetrieben durch reichhaltige Funde von Bodenschätzen, in einen mehrjährigen Waffengang mündet. Der Krieg wird teils gnadenlos geführt. Doch nach Friedensschluss dominiert zwischen den beiden weißen Lagern schon bald Verständigung – auf Kosten der schwarzen Bevölkerung.

INSGESAMT ZWEI Jahrzehnte lang lebt Gandhi von 1893 an im südlichen Afrika. Erstmals erprobt er dort Methoden des friedlichen Massenprotests: Mit derselben Taktik wird er seine Heimat Indien später auf den Weg zur Unabhängigkeit von Großbritannien führen

GEWALTLOS

GEGEN DIE UNGLEICHHEIT

Zehntausende Inder und Inderinnen leben 1913 in Südafrika – doch Gesetze benachteiligen sie gegenüber den Weißen. Gegen die Diskriminierung kämpft ein junger Anwalt an, der später Berühmtheit erlangen wird: Mohandas Karamchand Gandhi

TEXT: *Marie Oellig*

Es sind mehr als 2000 Inder, die sich am 6. November 1913 von Süden her der Grenze nach Transvaal nähern – Männer, Frauen, Kinder. Die nördlichste Provinz der drei Jahre zuvor gegründeten Südafrikanischen Union ohne Genehmigung zu betreten ist ihnen verboten. Doch die Protestierer sind entschlossen, dem Gesetz zu trotzen. Als Polizisten ihnen den Weg versperren, stürmen sie vor, durchbrechen die Reihen der Uniformierten.

Die Inder sind unbewaffnet. Ihr Anführer: Mohandas Karamchand Gandhi. Der Mann, der später von Indien aus weltweite Berühmtheit erlangen wird, erprobt seine Methode des massenhaften Widerstands in jungen Jahren in Südafrika: Auch hier kämpfen viele Inder für ihre Rechte.

Als die Briten ab 1806 die Kontrolle über immer größere Teile Südafrikas an sich reißen, brauchen sie bald Arbeitskräfte für ihre Zuckerrohrplantagen. Ab 1860 heuern sie in Indien Arbeiter an, die auf den Feldern, später auch in Minen schuften werden, unter oft erbärmlichen Bedingungen. Um 1890 leben Zehntausende Inder und Inderinnen im Land. Da unter ihnen die Nachfrage nach heimischen Produkten wie Reis oder Gewürzen groß ist, kommen meist muslimische Händler aus Nordindien nach Südafrika, investieren ihre Gewinne hier in Land und anderen Besitz, nähren damit zunehmend Neid unter ihren weißen Konkurrenten.

1893 reist der 23 Jahre alte Rechtsanwalt Mohandas Karamchand Gandhi nach Südafrika, um eine dort ansässige indische Firma in einem Rechtsstreit zu vertreten. Als er mit dem Zug von Durban nach Pretoria fährt, wird er aufgefordert, in den Gepäckwagen umzusteigen, um die weißen Mitreisenden nicht zu stören. Da er sich weigert, wirft man ihn hinaus.

Seine Erfahrung ist kein Einzelfall. So dürfen Inder etwa in Transvaal keine öffentlichen Gehwege nutzen und sollen, weil sie angeblich Krankheiten verbreiten, in spezielle Bereiche, sogenannte *locations*, verbannt werden. Gandhi ist schockiert – vor allem darüber, dass auch die Elite der Inder in Südafrika Demütigungen ausgesetzt ist. Und so zögert er nicht, als indische Kaufleute ihn 1894 bitten, sie beim Widerstand gegen ein Gesetz zu unterstützen, das Indern das Wahlrecht entziehen soll. Noch hofft er, dass die Briten die diskriminierenden Beschlüsse rückgängig machen werden, wenn die Inder ihre Loyalität gegenüber dem Empire beweisen. Im Südafrikanischen Krieg, in dem Briten ab 1899 gegen Buren kämpfen, stellt er ein Sanitätskorps für die britischen Truppen auf. Aber die Lage der Inder verschlechtert sich weiter.

Im August 1906 verlangt ein neues Gesetz in Transvaal, dass alle indischen Männer, Frauen und Kinder ab acht Jahren wie Kriminelle Abdrücke aller zehn Finger abgeben. Gandhi ruft zum Widerstand auf. Im September erklären 3000 Inder in Johannesburg, dass sie die Registrierung nicht mitmachen werden. 2000 Verweigerer werden später verhaftet, für kurze Zeit auch Gandhi. Für ihn ist die Kraft des Massenprotests beeindruckend. Er ist überzeugt: Wenn die Inder Gewalt nicht mit Gegengewalt beantworten, der Willkür aber furchtlos trotzen, können sie ihre Ziele erreichen.

Als die Regierung im April 1913 mit einem neuen Gesetz daran festhält, Inderinnen und Inder nach Ende des Arbeitsvertrages mit hohen Steuern zu belegen, was sie davon abhalten soll, sich dauerhaft im Land niederzulassen, ruft Gandhi erneut zum Protest auf. Eine Streikwelle erfasst Plantagen, Eisenbahn und Minen. Am 6. November führt Gandhi mehr als 2000 Menschen über die Provinzgrenze nach Transvaal, wo sie ohne Registrierung als illegale Einwanderer gelten – und wird inhaftiert. Im Dezember entlässt man ihn aus dem Gefängnis, er soll an Gesprächen mit der Regierung teilnehmen. Doch viele Inder sind fassungslos, als Gandhi im Juni 1914 einem Kompromiss zustimmt, der zwar die hohen Steuern abschafft, die meisten anderen ihrer Anliegen jedoch vertagt.

Gandhi selbst aber sieht seine Mission erfüllt: Von nun an sollen die Inder Südafrikas den gewaltlosen Widerstand allein vollenden. Kurz darauf verlässt er das Land, um in seiner Heimat den Kampf gegen die Bevormundung durch die britischen Kolonialherren fortzusetzen – und wird schließlich als Mahatma („große Seele") zur Ikone des friedlichen Protests.

Aber auch in Südafrika hinterlässt er Spuren. Obgleich Gandhi nie für die Rechte der Schwarzen und weiterer benachteiligter Gruppen eingetreten ist, wird der Widerstand der Inder zur Inspiration für Südafrikas bekanntesten Aktivisten gegen die Diskriminierung von Menschen aufgrund ihrer Hautfarbe: Nelson Mandela. ◊

1948

Apartheid

Das große

UNRECHT

Um 1950 zementiert die von Weißen geführte Regierung ein Regime radikaler Ungleichheit: Bis in alle Nischen des Alltags werden Menschen nach Herkunft und Hautfarbe getrennt, werden schwarze Südafrikaner entrechtet und unter Zwang umgesiedelt. Gegen dieses zutiefst rassistische System der »Apartheid« begehren die Unterdrückten immer wieder auf. 1960 antwortet der Staat mit brachialer Gewalt

BEI EINEM FRIEDLICHEN PROTEST von Schwarzen in der Township Sharpeville eröffnen weiße Polizisten (im Hintergrund, auf Einsatzwagen) am 21. März 1960 das Feuer auf die Demonstranten. Viele Fliehende sterben durch Schüsse in den Rücken

DER RASSISMUS WURZELT

E

TEXT:
Reymer Klüver

Elizabeth Mabona ist klar, dass dieser Tag nicht so werden wird wie alle anderen. Gewöhnlich würde sie wohl noch vor dem Morgengrauen durch die stockdunklen Straßen gehen zur Haltestelle für die Busse, die viele Menschen aus Sharpeville jeden Tag zur Arbeit bringen. Die Männer etwa zu den Stahlwerken und Kohlegruben der Gegend, die Frauen nach Vereeniging, eine boomende Stadt unweit von Johannesburg, in der nur noch Weiße wohnen dürfen.

Nicht an diesem Morgen.

Statt zu ihren Jobs zieht es die Menschen nach Tagesanbruch vor die Polizeiwache von Sharpeville, eine jener Townships, die in den Jahren zuvor abseits der Städte errichtet wurden. Gleichförmige Siedlungen mit einfachsten Häusern, Ziegelmauern auf einer Betonplatte, mit Wellblechdach, kein Strom, kein fließendes Wasser. Schwarze Südafrikaner werden dorthin unter Zwang umgesiedelt.

Elizabeth Mabona und ihr Mann Jacob sind an diesem Morgen wie Hunderte andere Einwohner auf den Beinen. Dichter Qualm steigt an der Straßenecke auf, irgendjemand hat etwas in Brand gesteckt, vielleicht einen alten Reifen. Der Rauch liegt schwer in der Luft. Überall aufgeregt redende Menschen. Eine Kolonne von sechs Polizeiwagen nähert sich, dreht aber wieder um. Einer der weißen Polizisten richtet seine Pistole auf die Passanten. Ruft ihnen im Vorbeifahren eine Drohung zu.

Wie die anderen laufen die beiden zum Polizeirevier, auf den weiten, staubigen Platz vor dem einstöckigen, umzäunten Gebäude. Viele sind wohl neugierig, ob ein paar Mutige dort tatsächlich ihre Pässe verbrennen, so wie es in letzter Zeit vielerorts in Südafrika geschehen ist und so wie sie es, laut manchen Aufrufen, auch an diesem Tag machen sollen.

Wie Brandeisen sengen die Pässe ihnen in die Seele, dass sie in diesem Land unfreie Menschen sind. Ständig müssen die Bewohner der Townships das verhasste Identitätspapier bei sich tragen. Darin sind neben einem Foto Name und Geburtsdatum verzeichnet sowie Angaben zur Arbeitsstelle und zu den Bezirken, in denen sich der Passinhaber aufhalten darf. *Dompas* nennen die Schwarzen es, „dummer Pass", ein Dokument der Schande und ein Symbol der Apartheid.

Auf Afrikaans bedeutet dieses Wort schlicht „Getrenntheit" – doch dahinter steht ein drakonisches Regime, das die Weißen in Südafrika zu Herren macht, die Schwarzen aber dazu verurteilt, ihnen zu dienen, ihrer Rechte und Würde beraubt, zum Leben in ärmliche Townships verbannt oder in abgelegene Gegenden, die zur Landwirtschaft kaum taugen, wie zum Hohn *homelands* genannt, „Heimatgebiete".

Es wird rasch heiß an diesem Morgen, das erinnern Beteiligte später. Die Menschen sind überwiegend friedlich, nicht aggressiv, viele setzen sich einfach auf den Platz. Waffen, etwa Schlagstöcke, wie nachträglich von der Polizei behauptet, sind nirgends zu sehen. Schirme sind – so beschreibt es ein Augenzeuge – das Einzige, was manche dabeihaben, zum Schattenspenden gegen die gleißende Sonne. Manche haben sogar Stühle mitgenommen. 3000, 4000 Menschen sind wohl schließlich auf dem

AKTIVISTEN haben zu der Kundgebung in Sharpeville aufgerufen – um ein Zeichen gegen die Apartheid zu setzen, die unter anderem die Bewegungsfreiheit massiv einschränkt. Tausende ziehen am Morgen zum Versammlungsort (oben)

T I E F

Platz, das wird die Auswertung von Fotos ergeben, nach der Katastrophe.

Sie singen Kirchenlieder, lassen sogar bereitwillig die gepanzerten Mannschaftswagen der Polizei durch, die nach und nach eintreffen und der Menge gegenüber in Stellung gehen, oben auf dem Dach Maschinengewehre montiert. Kurz vor Mittag donnern zwei Armeeflugzeuge im Tiefflug über die Menge hinweg. Doch die Menschen bleiben unbeeindruckt. Und singen. „Abide with me" – „Bleib bei mir, Herr."

Elizabeth Mabona aber, eine junge Frau und Mutter zweier kleiner Kinder, bricht auf, um kurz nach Hause zu gehen. Bald will sie zurückkommen, ihren Mann nicht lange allein lassen. „Die Stimmung war so friedlich", sagt sie noch nach Jahren.

Später wird nie geklärt, warum der Polizeichef von Sharpeville seine Männer die Gewehre durchladen lässt. Ob die Eskalation geplant ist – oder die Situation schlicht außer Kontrolle gerät. Jedenfalls fliegen ein paar Steine, als die Menschen sehen, dass die Polizisten ihre Waffen laden. Plötzlich knallt es. Einer der weißen Polizisten brüllt: „Schuss." Seine Kollegen nehmen das als Befehl. Sie feuern. Und hören nicht auf. Es ist der 21. März 1960, kurz nach 13.30 Uhr. Ein Moment, der Südafrika verändert.

69 Menschen sterben, auch Kinder sind unter den Toten. Die Schüsse von Sharpeville kerben sich als tiefe Zäsur in die Geschichte des Landes. An diesem Tag geht die Strategie der Gewaltlosigkeit, die viele schwarze Oppositionelle über Jahre vertreten hatten, blutig unter. Die Streiks und friedlichen Massenproteste haben den Unterdrückungs- und Überwachungsapparat des Apartheid-Regimes nicht ein bisschen verändert, im Gegenteil. Eine neue Generation wird ihre Konsequenzen daraus ziehen.

Das Regiment der Weißen aber verhärtet sich nur noch mehr. Südafrika wird in den Jahren nach Sharpeville zum Polizeistaat. Die Anführer der Opposition werden erbarmungslos verfolgt. Wer nicht ins Ausland entkommt, muss mitunter für Jahrzehnte ins Gefängnis.

NACH IHREM Wahlsieg 1948 erlassen Politiker der »Nationalen Partei« Gesetze und Regeln, die die schon vorhandene Diskriminierung zum allumfassenden Prinzip verschärfen. Eine schwarze Frau putzt den Zugang einer Toilette nur für Weiße

Protest wird sofort erstickt, bald traut sich kaum mehr jemand, auf der Straße aufzubegehren.

Doch die Bilder aus Sharpeville gehen auch um den Globus. Sie rücken das Unrecht der Apartheid in das Bewusstsein der Weltöffentlichkeit. Südafrika wird in der Folge mehr und mehr zum Pariastaat, geächtet von den Vereinten Nationen, international von vielen gemieden und boykottiert.

B

Bereits als 1910 die Südafrikanische Union gegründet wird, ruht diese auf einem Fundament von Diskriminierung. In dem Zusammenschluss von Kapkolonie und Natal mit den beiden ehemaligen Burenrepubliken, als Orange River Colony und Transvaal ebenfalls zu britischen Kolonien geworden, wird die ungleiche Behandlung von Menschen nach Hautfarbe und Herkunft in etlichen Paragrafen festgeschrieben. In dem Staatsgebilde, das als Dominion weiterhin zum britischen Empire gehört, aber weitgehende innere Autonomie besitzt, genießen nur die Weißen volle Rechte, können praktisch sie allein wählen.

Dahinter stehen generationenlang gehegte rassistische Vorstellungen, aber vor allem der Wunsch, die schwarze Bevölkerung nach Belieben als billige Arbeitskräfte auszubeuten – und zugleich unliebsame Konkurrenten um begehrte Jobs fernzuhalten. So macht die Führung der Union 1911 es mit einem Gesetz möglich, Schwarze von höher qualifizierten Jobs in den Bergwerken des Landes auszuschließen, der damals wichtigsten Industrie. Ähnliche Maßnahmen kamen bereits in den frühen Diamantenminen zum Einsatz, wo schwarze Arbeiter systematisch ausgebeutet wurden (siehe Seite 72).

Die Schwarzen nehmen die neuen Einschränkungen nicht einfach hin. Schon 1912 gründen Aktivisten den „South African Native National Congress“ (aus dem später der „African National Congress“ hervorgehen wird), um sich gegen die rechtliche Deklassierung zu wehren. 1920 streiken erstmals 70 000 schwarze Grubenarbeiter für höhere Löhne, bessere Arbeitsbedingungen und gegen die eklatante Benachteiligung im Vergleich zu weißen Bergleuten – ein Ausstand, der die Angst der Regierung steigert, die zahlenmäßig deutlich größere schwarze Bevölkerung nicht mehr kontrollieren zu können. (In einer Volkszählung neun Jahre zuvor waren 3,5 Millionen Schwarze und 1,3 Millionen Weiße registriert worden, außerdem mehr als eine halbe Million sogenannte Coloureds und 152 000 „Asiaten“.)

1929 siegt die „Nasionale Party“ (Nationale Partei, NP) bei den Wahlen mit der Warnung vor der „swart gevaar“, der angeblich drohenden Dominanz der schwarzen Bevölkerung. Die NP unterstützen viele „Afrikaners“, die auch Buren genannten Nachfahren der frühen europäischen Einwanderer in die damals noch niederländische Kapkolonie. Sie sprechen Afrikaans: ein aus den niederländischen Dialekten der weißen Siedler und den von unterworfenen einheimischen Khoikhoi sowie Sklaven gesprochenen Varianten des Niederländischen hervorgegangenes Idiom, das seit 1925 eine der offiziellen Staatssprachen ist.

Im Gegensatz zu den anderen Kolonialgesellschaften auf dem Kontinent ist die weiße Bevölkerung Südafrikas in zwei Lager unterteilt: Die meisten Englischsprachigen zählen zum wohlhabenden Bürgertum, die britische Elite kontrolliert Bergbau, Industrie und die großen Agrarbetriebe. Die Buren hingegen sind zumeist Kleinbauern, immer mehr gehen aber auch als Arbeiter in die Städte, wo sie die weiße Unterschicht bilden. Hunderttausende Buren leben in ärmlichen Verhältnissen. Die schwarze Bevölkerung empfinden sie als Konkurrenz bei Jobs und Wohnraum.

So stoßen die rassistischen Parolen der NP, etwa auch die Warnung vor

VOR DEM POLIZEIREVIER von Sharpeville kommen die Demonstranten am 21. März zusammen, rufen Slogans, viele recken den Daumen in die Luft, die Geste des Widerstands (oben). Die Stimmung scheint entspannt

EIN SCHWARZES Kindermädchen passt auf ein weißes Baby auf. Menschen mit dunkler Hautfarbe dürfen nur noch in abgetrennten Arealen leben. Ihre Arbeitskraft aber wird weiterhin ausgebeutet

angeblicher „bloedvermenging", einer „Blutvermischung" durch Ehen zwischen Weißen und Schwarzen, bei Buren auf große Resonanz. Weißes Herrenmenschendenken und Abgrenzung gegenüber der schwarzen Bevölkerungsmehrheit sind weit verbreitet in Südafrika, noch ehe überhaupt jemand von „Apartheid" spricht.

Zum ersten Mal taucht dieser Begriff in den 1930er Jahren auf. Damals sind es Geistliche der Niederländisch-Reformierten Kirche, die das Konzept der Trennung nach Herkunft und Hautfarbe unter diesem Namen in Schriften und Predigten theologisch aufladen, als Ausdruck einer gottgewollten Ordnung.

In den 1940er Jahren übernehmen NP-Politiker die Idee und bauen sie zu einem gleichsam soziologischen Gedankengebäude aus. Die Bevölkerungsgruppen müssten sich kulturell und auch räumlich getrennt entwickeln: die Weißen in den Städten und auf Farmen in ihrem Besitz; die Schwarzen in ihnen zugewiesenen Gegenden.

Es ist ein finsteres Gesellschaftskonstrukt, das eine schon bestehende krasse Ungleichheit rechtfertigt und weiter verschärft: Der große Teil der nutzbaren Landflächen gehört um 1940 Weißen.

Ehe die Apartheid-Ideologen ihre Pläne allerdings zu verwirklichen versuchen, wirbelt der Zweite Weltkrieg Südafrikas soziales Gefüge durcheinander. Wirtschaftlich sind die Kriegsjahre Boomjahre. Die Industrieproduktion schießt nach oben. Waren, die bisher importiert wurden, werden nun im Land gefertigt. Rüstungsfabriken exportieren Munition für die Alliierten. Ein großer Teil der Buren tritt in die Armee ein, in den Städten finden viele besser bezahlte Anstellungen und entkommen der Armut. Ihr Selbstbewusstsein wächst.

Doch die neuen Jobs in den Fabriken sind auch für schwarze Arbeiter interessant, die nun in großer Zahl vom Land in die Städte ziehen. Der Anteil der Schwarzen dort nimmt rasant zu: Lag er 1936 noch bei 17,3 Prozent, stellen 15 Jahre später Schwarze mehr als ein Viertel der Stadtbewohner. Viele Buren sehen darin abermals eine Bedrohung; sie fürchten den Wettbewerb mit Niedriglöhnern, den Verlust ihres bescheidenen neuen Wohlstands.

Und abermals spielt die NP mit diesen Ängsten. In ihrem offiziellen Wahlkampfslogan von 1948 stellt sie

DER BURE Hendrik Verwoerd, ab 1958 Premierminister, gilt als Vordenker und Architekt der Apartheid

(das weiße) Südafrika vor die Wahl zwischen „Integration und nationalem Selbstmord" und „Apartheid und Schutz der reinen weißen Rasse". Damit ist Apartheid als Kampfbegriff der Partei endgültig etabliert. Ihr politischer Vordenker, der spätere Premier Hendrik Verwoerd, warnt vor einer Konfrontation zwischen „Europäern" und „Bantus", wie er Weiße und Schwarze nennt. Die sei nur zu vermeiden, wenn „beide eine Entwicklung nehmen, die voneinander getrennt ist", so Verwoerd. „Das ist alles, was das Wort Apartheid meint." Natürlich ist das nicht alles – und die weißen Südafrikaner verstehen das.

Nach ihrem Wahlsieg kann die NP weitgehend unangefochten regieren, mit Unterstützung der gleichgesinnten „Afrikaner Party", die drei Jahre später in der NP aufgehen wird. Ungehindert setzen die Rassisten nun ihre Wahlversprechen um: alle, die nicht zur Gruppe der Weißen gehören, an ihren niederen Platz in der gesellschaftlichen Rangordnung zu verweisen, ihrem Wahlvolk, den Buren, aber die Führungsposition zu verschaffen. Das Zeitalter der Apartheid beginnt.

Bald tauchen in Zügen Schilder auf: „Nur für Europäer". Die Postämter des Landes erhalten getrennte Schalter, später sogar zwei Eingänge, einen für Weiße und einen für die Menschen anderer Hautfarbe. Ein Handschlag zur Begrüßung zwischen Schwarz und Weiß wird verboten. Die Anrede schwarzer Männer in Behördenbriefen soll nicht mehr „Sehr geehrter Herr" lauten, sondern lediglich eine unpersönliche Grußformel enthalten.

Ungleich folgenreicher aber sind die Gesetze, die die Diskriminierung und rechtliche Deklassierung vor allem der Schwarzen zementieren. Herzstück ist der „Population Registration Act" von 1950, dem zufolge jeder Einwohner Südafrikas behördlich einer Gruppe innerhalb einer rigiden, durch spätere Gesetze weiter ausgearbeiteten Systematik zugeordnet sein muss: Als „Weißer" gilt, „wessen Äußeres offensichtlich das einer weißen Person ist oder wer allgemein als solcher angesehen wird". Bei den als *natives* („Eingeborene") bezeichneten Schwarzen (erst später wird der Begriff „Bantu" im offiziellen Gebrauch geläufig) soll stets auch die jeweilige Ethnie registriert werden, der sie angehören.

Weiterhin gibt es die Kategorie der „Asiaten", oft auch „Inder" genannt, da hierunter vor allem Nachfahren von Einwanderern aus dem früheren Britisch-Indien erfasst werden. Die sogenannten Kapmalaien hingegen, Nachfahren aus Südostasien verschleppter Sklaven, zählen zu den „Coloureds": einer Sammelkategorie für alle, die nicht einer der anderen zugeordnet sind. Den bei Weitem größten Teil davon machen die Cape Coloureds aus, eine meist Afrikaans sprechende Bevölkerungsgruppe, hervorgegangen aus den in der einstigen Kapkolonie ansässigen Khoikhoi und Sklaven sowie aus deren Beziehungen mit europäischen Siedlern.

Etliche zuvor schon geltende Gesetze, die die Rechte der Schwarzen einschränken, werden verschärft – oder entgegen vorheriger Praxis nun rigoros angewendet. Der Ideologie der „Getrenntheit" folgend, werden manche Regelungen, die bislang nur für Schwarze galten, auf andere Gruppen ausgedehnt. Verbot etwa der „Immorality Act" bereits seit 1927 Sex zwischen Weißen und Schwarzen, gilt dies ab 1950 für Geschlechtsverkehr zwischen Weißen und allen „Nicht-Europäern".

Gleichwohl sind die Schwarzen eindeutig am stärksten betroffen. Ihnen wird der Zugang zu fast allen höheren Bildungseinrichtungen verwehrt. Ein Gesetz erlaubt es den Behörden, Wohngegenden einzig einer Gruppe zuzuweisen und allen anderen dort die Niederlassung zu untersagen – wodurch nun problemlos attraktive, innenstadtnahe

DIE POLIZEI in Sharpeville ist unvorbereitet. Im Laufe des Vormittags kommen Hunderte Polizisten zur Verstärkung – hier schwarze Ordnungskräfte mit Schlagstöcken. Als Schüsse fallen, eskaliert die Lage

ZULAUF FÜR DIE REBELLION

Lagen als nur Weißen vorbehaltene Viertel deklariert werden können. Und es werden „Reference Books“ eingeführt, die verhassten Pässe, in denen genau festgehalten ist, wer sich wo bewegen darf. Beides bildet die Grundlage für die bald beginnenden Zwangsumsiedlungen von Hunderttausenden Schwarzen.

D

Denn nun setzt die Regierung ihre rassistischen Konzepte zur räumlichen Trennung der Bevölkerung, den Kern der Apartheid-Ideologie, Stück für Stück um. Insgesamt zehn unterschiedlich große, meist aus unzusammenhängenden Gebieten bestehende Homelands, auch „Bantustans“ genannt, steckt sie in den folgenden Jahrzehnten im Nordosten des Landes und entlang der Küste des Indischen Ozeans ab. Die Territorien, jeweils für eine der offiziell anerkannten schwarzen Ethnien bestimmt, umfassen teils deren angestammte Gebiete, teils auch willkürlich zugewiesene Gegenden. In den meisten Fällen sind sie landwirtschaftlich kaum nutzbar. Mithilfe des „Bantu Authorities Act“ von 1951 sollen die Schwarzen sich dort offiziell selbst verwalten, tatsächlich aber kontrolliert der weiße Staat die Gemeinwesen, an deren Spitzen schwarze, meist direkt vom Regime eingesetzte Führer stehen.

Eines Tages, so der Wille der Regierung, sollen alle Schwarzen in den Homelands leben – oder in Townships: ebenfalls meist einer schwarzen Ethnie zugeordnete, ghettoähnliche Siedlungen im Umfeld der Städte, wo die Bewohner, so das Kalkül, isoliert, leicht zu kontrollieren und zugleich als billige Arbeitskräfte auszubeuten sind. Zehntausende einfachster Häuser errichten die Apartheid-Behörden für diese Siedlungen.

Zum Beispiel in Sharpeville. In diese Township schiebt das Regime die bisherigen schwarzen Bewohner der Stadt Vereeniging ab. Polizisten kommen ohne Vorwarnung und zwingen die Menschen unter Waffengewalt auf Lastwagen. Nur weniges können die Bewohner retten,

ZUM VERHASSTEN Symbol der Unterdrückung werden Pässe, die angeben, wo sich Schwarze aufhalten dürfen. Wiederholt verbrennen Menschen – wie hier 1961 – diese Dokumente in öffentlichem Protest

den Großteil ihrer Habe walzen Bulldozer mitsamt ihren Häusern nieder.

Um ihr rassistisches Konzept umzusetzen, bläht die NP die staatliche Verwaltung auf – vor allem das „Department of Native Affairs" („Ministerium für Eingeborenenangelegenheiten"). Die Apartheid solle „ihre Finger", wie der Chef des Ministeriums Hendrik Verwoerd es ausdrückt, weit ausstrecken und in das Leben der Menschen eingreifen, „um sie glücklich zu machen". Verwoerd, der später als „Architekt der Apartheid" bezeichnet wird, errichtet das System mit dem Eifer eines Missionars. Er führt das Ministerium ab 1950, ehe er 1958 Premier des Landes wird.

Verwoerds Partei übernimmt quasi den Staat: Allein in den 1950er Jahren verdoppelt sich die Zahl der Angestellten im öffentlichen Dienst Südafrikas nahezu, von 480 000 auf fast 800 000. Die meisten der neuen Staatsdiener sprechen Afrikaans, verdanken ihren gesellschaftlichen Aufstieg der NP – und der Apartheid.

Die Schwarzen haben die staatliche Unterdrückung zwar nie einfach nur hingenommen, aber der Widerstand ist lange kaum organisiert. Das ändert sich mit dem Beginn des Apartheid-Regimes. Der ANC, der „African National Congress", mit etwa 5000 Mitgliedern um 1948 bis dahin ein relativ überschaubarer politischer Verein, wird im Laufe weniger Jahre zur Massenorganisation mit 100 000 Mitgliedern. Er fordert die Anerkennung der Schwarzen als gleichberechtigte Bürger sowie demokratische Mitbestimmung. Und noch ist das Apartheid-Regime nicht so schlagkräftig, um das Wachstum des ANC unterbinden zu können.

In den Vorstädten von Johannesburg und Kapstadt, Durban und East London mobilisiert der ANC die Menschen. 1952 organisieren Aktivisten die sogenannte „Defiance Campaign", eine friedliche Aktion zivilen Ungehorsams und passiven Widerstands nach dem Vorbild Mahatma Gandhis, der jahrelang in Südafrika gelebt hat (siehe Seite 118).

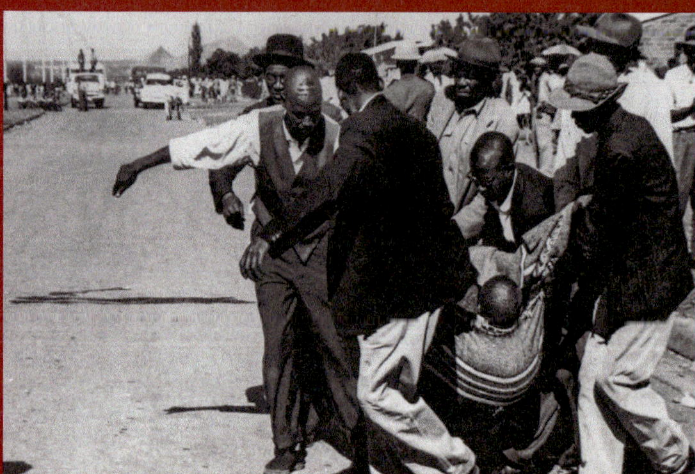

MEHR ALS 1000 SCHÜSSE geben die Beamten ab, auch mit Maschinengewehren zielen sie in die unbewaffnete Menge. Demonstranten bergen kurz darauf Verletzte und Tote

DER STAAT baut einen gewaltigen Polizei- und Sicherheitsapparat auf, um die Apartheid zu stützen und die schwarze Bevölkerung zu kontrollieren, foltert, verfolgt unzählige Menschen. Diese Eingesperrten haben unerlaubt weiße Gebiete betreten

ANC-Aktivisten benutzen etwa Eingänge in Postämtern, die für Weiße reserviert sind. Sie rufen „Afrika!" und „Mayibuye!", möge Afrika zurückkehren.

Das Regime reagiert unnachgiebig. Tausende werden festgenommen. Es folgen Jahre, in denen der ANC keinerlei Erfolge vorweisen kann. Im Gegenteil. Die Zwangsumsiedlungen nehmen zu; nachdem die Vorschrift zunächst nur für die Männer galt, müssen nun auch schwarze Frauen ständig Pässe bei sich tragen. Die Zweifel unter den Aktivisten wachsen, ob sich mit friedlichem Widerstand das Apartheid-Regime wandeln lässt. Im ANC steigt die Unzufriedenheit. 1959 spaltet sich der „Pan Africanist Congress" (PAC) ab, eine radikalere Organisation. Der ANC bleibt bei der Vision einer demokratischen Gesellschaft, in der alle Bevölkerungsgruppen gleiche Rechte besitzen. Der PAC hingegen propagiert einen afrikanischen Nationalismus, der die Führung des Landes für die Schwarzen beansprucht. Bald konkurrieren beide Gruppen mit ihren Streik- und Boykottaufrufen.

E

Es ist die Zeit, in der nationale Bewegungen in ganz Afrika die alten europäischen Kolonialmächte zur Aufgabe ihrer Besitzungen treiben. Allein 1960 erlangen fast 20 afrikanische Staaten ihre Unabhängigkeit. Anfang Februar des selben Jahres mahnt ausgerechnet der Regierungschef der langjährigen Kolonialmacht, Großbritanniens Premier Harold Macmillan, in einer Rede vor dem Parlament in Kapstadt die Weißen

in Südafrika, sich dem „Wind des Wandels“ nicht entgegenzustellen, der den Kontinent erfasst habe.

Im März 1960 organisieren PAC und ANC jeweils eigene Kampagnen gegen die Passgesetze. Der PAC ist schneller. In Townships im Südwesten von Johannesburg sowie weiteren schwarzen Siedlungen der Region, unter anderem in Sharpeville, sollen die Bewohner am Montag, den 21. März, nicht zur Arbeit gehen und gegen den Ausweiszwang demonstrieren. Doch die Resonanz ist vielerorts dürftig.

Anders aber in Sharpeville. Dort kommen an diesem Montagmorgen Tausende vor der Revierwache zusammen. Das dürfte auch an der Vorarbeit der vielen PAC-Aktivisten liegen. Am Wochenende sind sie, ausgestattet mit Handzetteln, von Haus zu Haus gegangen, haben die Bewohner aufgefordert, am 21. März zur Polizeistation zu kommen. Am Sonntagabend haben sie sogar die Fahrer der Pendlerbusse entführt, sie erst bei Sonnenaufgang wieder ziehen lassen. Selbst Telefonleitungen haben die Aktivisten zerschnitten, um die Kommunikation der Behörden zu erschweren. Und daher dürfte es eine Mischung aus Verunsicherung, Unterstützung für den Protest und Neugier sein, die die meisten an diesem Morgen in Sharpeville zur Polizeistation treibt.

Auf eine Kundgebung dieser Größe ist die Polizei nicht eingestellt. Obwohl sie Spitzel beschäftigt, sind keinerlei Vorkehrungen getroffen. Wie üblich haben 40 Männer Dienst, erst am frühen Morgen fordern sie Verstärkung an. Bis Mittag treffen mehr als 300 Polizisten aus der weiteren Umgebung ein, 200 bewaffnet mit Gewehren, die anderen mit Schlagstöcken. In dem flachen Gebäude fühlen sie sich offenkundig belagert. „Izwe lethu!“, ruft die Menge, den PAC-Slogan auf Sotho, der in der Gegend vorherrschenden Sprache: „Das Land gehört uns!“

Die Polizisten verstehen nicht alle Parolen, aber durchaus den nach oben gereckten Daumen, den viele als Zeichen des Widerstands gegen das Apartheid-Regime zeigen. Schon das macht manche Beamte wohl aggressiv. „Blut lag in der Luft“, wird einer sich später erinnern.

Das weitere Geschehen wird nie ganz aufgeklärt, auch nicht von der „Wahrheits- und Versöhnungskommission“, die Jahrzehnte nach den Ereignissen die Verbrechen des Apartheid-Regimes aufarbeiten soll (und vor der auch Elizabeth Mabona aussagen wird).

Wohl gegen 13.30 Uhr jedenfalls weist ihr Chef die Polizisten in Sharpeville an, die Waffen durchzuladen. Jäh kippt die bis dahin entspannte Stimmung in der Menge. Ein paar Steine fliegen in Richtung der Polizeiphalanx.

In den vorderen Reihen der Protestierenden zückt ein Mann eine Pistole. Er war bei einer der üblichen nächtlichen Polizeirazzien in Sharpeville drei Monate zuvor wüst misshandelt worden und glaubt, einen seiner Peiniger unter den Polizisten ausgemacht zu haben. Ein Nachbar reißt seinen Arm gerade noch hoch, zwei Schüsse gehen in die Luft.

Es ist, als hätten die Polizisten auf diesen Zwischenfall gewartet. 169 Beamte beginnen zu schießen. Nicht etwa zur Warnung über die Köpfe hinweg, sie feuern gezielt in die Menge. Zuerst in die vorderen Reihen und dann, nachdem sie erneut durchgeladen haben, noch eine zweite Salve.

In Panik stürzen die Menschen davon. Doch die Polizisten schießen weiter. Ein Augenzeuge wird später aussagen, dass ein Beamter auf einem der Mannschaftstransporter steht und wie in einem Kriegsfilm mit einem Maschinengewehr auf die Fliehenden feuert. 1344 Schüsse, so die offizielle Zählung, fallen innerhalb kürzester Zeit.

Elizabeth Mabona hört den Lärm von Weitem. Gerade hat sie ihr Haus wieder verlassen. Eine fürchterliche Vorahnung erfasst die junge Frau. Nirgendwo im Chaos, das nun auf den Straßen herrscht, kann sie ihren Mann finden.

EINE FRAU trauert um ihren gerade von der Polizei erschossenen Mann. Dem Massaker von Sharpeville fallen 69 Menschen zum Opfer. Die Täter aber bleiben unbehelligt – stattdessen werden Hinterbliebene wie Beschuldigte verhört

DIE APARTHEID – hier eine Weißen vorbehaltene Bank – hält Schwarze in Armut, während sie bei Weißen für wachsenden Wohlstand sorgt. Die burische Unterschicht, die sich in Konkurrenz zu Schwarzen sieht, unterstützt das System

Von Angstschauern geschüttelt, lässt sie sich zu Nachbarn führen.

Am Abend wird ihr auf der Polizeiwache bestätigt, was sie längst ahnt: Ihr Mann Jacob ist unter den Toten. Tage später wird er im geschlossenen Sarg zum Friedhof gebracht und beigesetzt. Er wurde 27 Jahre alt. Sehen darf Elizabeth Mabona den Leichnam nicht mehr. Irgendwie hat sie trotzdem herausgefunden, wo ihn die Kugel traf, wie sie vor der Wahrheitskommission zu Protokoll gibt: hinten, zwischen den Schulterblättern. Die meisten der 69 Toten haben Schussverletzungen im Rücken.

D

Das Regime zeigt nach den Todesschüssen keine Reue. Unruhen kommen in Zyklen, erklärt Premier Verwoerd am Tag darauf im Parlament. Soll heißen: Sie kommen, und sie gehen auch wieder. Die Schwarzen seien einfach zu „kühn" geworden. Der Polizei gibt der Vordenker der Apartheid keine Schuld. Die offizielle Untersuchung der Vorfälle ist oberflächlich.

Herablassung kennzeichnet die Reaktion des Staates – und Härte: Angehörige der Opfer werden wie Beschuldigte vernommen, auch die trauernde Elizabeth Mabona muss auf die Wache; nächtliche Razzien sollen die Bewohner von Sharpeville einschüchtern.

Am 8. April 1960 werden ANC und PAC verboten. Beamte nehmen Tausende Menschen fest. Gegen weitere 370 000 Südafrikaner eröffnen die Behörden Verfahren wegen Passverstößen, verurteilen Zehntausende. Neue Massenproteste, etwa in Kapstadt, schlägt die Polizei nieder.

Selbst der Einbruch der Aktienkurse und des Goldpreises als unmittelbare Reaktion auf das Massaker und eine einsetzende Kapitalflucht verunsichern die Regierung kaum. Sie macht keine Zugeständnisse.

Auch das weltweite Entsetzen über Sharpeville beeindruckt Südafrikas Herrschende nicht. Das US-Außenministerium, das britische Unterhaus, das indische Parlament verurteilen die Schüsse. Der UN-Sicherheitsrat fordert ein Ende der Apartheid.

1961 wird aus der Südafrikanischen Union die Republik Südafrika. Zudem verlässt das Land nach Kritik an der rassistischen Politik auch im Commonwealth den Staatenbund früherer britischer Kolonien und bricht die letzten Verbindungen zum Mutterland ab. Eineinhalb Jahre später ruft die UN-Generalversammlung die Weltgemeinschaft zum Boykott des Landes auf, auch die Lieferung von Waffen und Munition solle unterbleiben. Zwar ist die Resolution nicht bindend. Aber das Apartheid-Regime ist weltweit geächtet.

Doch daheim schließen sich die regierenden „Afrikaners" gegen die Anfeindungen wie in einer Wagenburg ein. Hier und da aufkeimende Zweifel in den Reihen der NP werden weggewischt. Die Apartheid, sagt Premier Verwoerd, müsse wie „Wände aus Granit" stehen. 1961 erringt die NP bei den Parlamentswahlen einen klaren Sieg.

Viele Anti-Apartheid-Aktivisten sehen im Massaker dagegen einen Wendepunkt. Der Schock von Sharpeville trägt maßgeblich dazu bei, das Selbstverständnis der Bewegung zu wandeln. Vor allem die Jüngeren setzen eine Änderung der Strategie durch: Jahre friedlicher Proteste haben nur immer wieder neue Opfer gefordert und das Regime der Weißen zu noch größerer Härte veranlasst. Sowohl ANC als auch PAC gründen 1961 eigene Untergrundabteilungen für den bewaffneten Widerstand.

Zwei Monate nach dem Wahlsieg der NP explodieren am 16. Dezember des Jahres Sprengsätze in Johannesburg, Durban und Port Elizabeth, gelegt von ANC-Kämpfern. Menschen sollen nicht zu Schaden kommen, Ziel der Attacken sind vor allem Regierungsgebäude (tatsächlich stirbt nur einer der ANC-Männer). In den Wochen und Monaten danach verüben die Aktivisten mehr als 200 weitere Anschläge.

N

Nichts aber, so scheint es, kann die Apartheid erschüttern. Innerhalb von wenigen Jahren verhaftet das Regime Tausende Mitglieder von ANC und PAC. In einem Massenprozess werden die Angeklagten 1964 wegen Sabotage und Umsturzversuchs zu lebenslanger Haft verurteilt, unter ihnen Nelson Mandela. Selbst als ein griechischstämmiger Attentäter 1966 Premier Verwoerd aus politischen Motiven ermordet, gerät das Regime nicht ins Wanken. Der Mörder ist nicht mit ANC oder PAC verbunden. Er wird als geisteskranker Einzeltäter hingestellt.

In dieser Zeit expandiert Südafrikas Wirtschaft längst wieder. Der Erlös aus den Goldverkäufen springt in die Höhe, die Industrieproduktion nimmt zu. Angelockt von den Niedriglöhnen für Arbeiter investieren ausländische Unternehmen wie Ford oder Siemens, trotz internationaler Kritik. Die meisten Weißen profitieren vom zunehmenden Wohlstand. Eine breite Mittelschicht entsteht. Häuser in den Vorstädten von Johannesburg oder Kapstadt im Ranch-Stil mit Tennisplatz und Pool – und schwarzen Dienstboten – gelten für sie bald als selbstverständlich.

Der Reichtum erlaubt es der Regierung, Polizei und Armee zu vergrößern, die Geheimpolizei aus-, den Rechtsstaat weiter abzubauen. Einzelhaft, Elektroschocks, Inhaftierung ohne anwaltliche Hilfe werden gesetzlich legitimiert. Ende der 1960er Jahre liegen die Ausgaben allein für die Polizei fast so hoch wie die für Schulen und Universitäten.

Immer größere Ressourcen steckt das Regime auch in die Umsiedlungspolitik. Mehr als sieben von gut 15 Millionen schwarzen Südafrikanern leben Anfang der 1970er Jahre bereits in Homelands. Deren Hauptstädte erhalten Flughäfen, Fußballstadien, Radiostationen, als vermeintliche Zeichen von Eigenständigkeit. Doch für Schulen und Krankenhäuser bleiben wenig Mittel. Viele Bewohner sind unterernährt, die Sterblichkeit ist hoch. Auf dem schmucklosen Friedhof einer Stadt im Homeland Ciskei markieren Baby-Fläschchen aus Plastik die Gräber von Kindern, die an eigentlich leicht behandelbaren Durchfallerkrankungen gestorben sind.

Währenddessen steigt in den Wohngebieten der Weißen um Johannesburg

TAUSENDE SCHWARZE erweisen den Opfern von Sharpeville die letzte Ehre. Viele in der Freiheitsbewegung ziehen ihre Schlüsse aus den Ereignissen und gehen in den gewaltsamen Widerstand

DIE EMPÖRUNG über das Massaker ist weltweit groß, hier ein Protestmarsch in London 1961. Doch selbst eine Ächtung in der UN bringt das südafrikanische Regime nicht ab von seinem rassistischen Kurs

der Lebensstandard auf das Niveau von Kalifornien. 1970 verdient ein weißer Südafrikaner schon 15-mal so viel wie ein Schwarzer. Gerade in den Städten wächst unter der schwarzen Bevölkerung die Unzufriedenheit, weil die Menschen die enormen Unterschiede jeden Tag vor Augen haben.

Und so formiert sich, vom Regime anfangs kaum wahrgenommen, Ende der 1960er Jahre neuer Widerstand. Angeregt von der Black-Power-Bewegung in den USA, die für größeres Selbstvertrauen und härteren Widerstand gegen weiße Bevormundung eintritt, entwickelt eine junge Riege von Schwarzen neue Selbsthilfestrategien. Sie unterstützen kleine Unternehmen, bauen Bildungseinrichtungen und Krankenstationen auf. Sie helfen bei der Organisation von Gewerkschaften für Schwarze, von Streiks – und alles nach der Regel strikter Gewaltfreiheit.

Gerade Jugendliche fühlen sich zu dieser „Black Consciousness Movement" genannten Bewegung hingezogen, die eine neue, eigenständige schwarze Identität propagiert. Aber auch darauf antwortet das Regime. Um den Einfluss der Bewegung auf die jungen Menschen einzudämmen, verfügt die Regierung im Frühjahr 1976, dass künftig die Hälfte des Schulunterrichts für Schwarze ebenfalls auf Afrikaans erfolgen soll, also in der Sprache der Unterdrücker. Nun sind es schwarze Schulkinder, die aufbegehren. In Soweto, den „South Western Townships" bei Johannesburg, versammeln sich am 16. Juni 1976 fast 20 000 Schülerinnen und Schüler zu einem Protestmarsch. Die neue Generation steht auf gegen die Apartheid.

Es sind die ersten Massendemonstrationen seit den Protesten der frühen 1960er Jahre, seit den Zeiten von Sharpeville. Auch diesmal geht das Regime brutal dagegen vor, schießt die Polizei sogar auf Kinder. Und doch: Langfristig wird selbst der hochgerüstete, zu allem entschlossene Staat sein Unrechtssystem nicht aufrechterhalten können. Zu groß werden die Gegenkräfte der Schwarzen, zu stark auf vielen Ebenen der Druck im Inneren und aus dem Ausland.

Zwar wird der Kampf um die Freiheit noch fast zwei Jahrzehnte währen. Aber er findet bald ein Gesicht, das den Widerstand gegen die Apartheid im Land und in der ganzen Welt personifiziert und abermals befeuert: Nelson Mandela. ◊

LITERATURTIPPS

TOM LODGE
»Sharpeville – An Apartheid Massacre and its Consequences«
Fundierte Studie mit vielen Augenzeugenberichten (Oxford University Press).

RODNEY DAVENPORT, CHRISTOPHER SAUNDERS
»South Africa – A Modern History«
Umfangreiche Gesamtdarstellung (Macmillan).

GEO+ EPOCHE DOSSIER

Lesen Sie auch **»Rassismus in den USA: Die geteilte Gesellschaft«** (aus GEO*EPOCHE* Nr. 110) auf *www.geo-epoche.de*

IN KÜRZE

In den 1950er Jahren macht die Führung Südafrikas die Diskriminierung und Unterdrückung der schwarzen Bevölkerung unter dem Schlagwort „Apartheid" de facto zur Staatsdoktrin. Ein Massaker an Schwarzen in der Township Sharpeville 1960 wird zu einem traurigen Höhepunkt, der die Unerbittlichkeit und Brutalität des Unrechtsregimes offenbart.

MIT GEFÜHLVOLLER Stimme steht Dolly Rathebe in Jazzclubs auf der Bühne. 1949 mimt sie in »Jim Comes to Jo'burg« eine Sängerin. Der Film ist Südafrikas erste Kinoproduktion, in der ausnahmslos Schwarze spielen

IKONE

AUS DER TOWNSHIP

Sie wächst auf in der rauen Welt des schwarzen Viertels Sophiatown, bricht die Schule ab, verbringt viel Zeit auf der Straße. Doch ein Kinoauftritt als Sängerin macht Dolly Rathebe zum ersten schwarzen Star Südafrikas. Und damit auch zu einer Symbolfigur

TEXT: *Tanja Beuthien*

Es ist ein ikonischer Moment der Filmgeschichte: Im Scheinwerferlicht taucht Dolly Rathebe auf, schmal und strahlend, tritt in ihrem langen ärmellosen Kleid lässig auf die Bühne eines Nachtclubs und fängt an zu singen. In „Jim Comes to Jo'burg", der ersten südafrikanischen Kinoproduktion mit ausschließlich schwarzer Besetzung, spielt Rathebe 1949 eine Jazzsängerin, verdreht der Hauptfigur Jim den Kopf, dem jungen Mann vom Lande, der in Johannesburg sein Glück sucht, ausgeraubt wird und betrogen, aber am Ende doch seinen Weg findet.

Mit ihrer gefühlvollen Bluesstimme besingt die 21-Jährige Jims Ängste und Hoffnungen, die denen des vornehmlich schwarzen Kinopublikums gleichen, verkörpert gleichsam den Traum von Erfolg und selbstbestimmtem Leben. Und steigt auf zum glamourösen schwarzen Star Südafrikas: Dolly lächelt von Plakaten und Zeitschriftentiteln, ihr Name leuchtet über den Lichtspielhäusern.

Aber in den Bars, auf den Bühnen und in den Kneipen von Sophiatown bleibt sie das temperamentvolle Mädchen von nebenan. In diesem brodelnden Vorort im Nordwesten von Johannesburg wächst Dolly Rathebe auf. Anders als im Stadtinneren, wo Schwarze seit 1933 nicht mehr dauerhaft wohnen dürfen, können sich die sogenannten „Natives" in Sophiatown vorerst noch ansiedeln. Zu Beginn der 1950er Jahre leben hier offiziell rund 40 000 Menschen, größtenteils Schwarze, vermutlich sind es ein paar Zehntausend mehr.

Nicht zuletzt um ihrem gewalttätigen Stiefvater zu entgehen, verbringt Rathebe als Jugendliche viel Zeit auf den staubigen Gassen des Viertels. Dort wechseln sich Verschläge aus Wellblech und Sackleinen ab mit solide gebauten Häusern der schwarzen Mittelschicht. Glücksspieler und Prostituierte, Journalisten und Schriftsteller frequentieren die Shebeens (abgeleitet von einer irischen Bezeichnung für unerlaubte Trinkstätten), Kneipen, in denen ohne Lizenz Alkohol ausgeschenkt wird. Viele der Jungen imitieren den Lifestyle der USA, wie sie ihn aus Filmen kennen. Die Kriminellen der Township fahren in US-Schlitten durch die Straßen. Und über dieser rebellischen Atmosphäre liegt der Sound des Jazz – in einer afrikanischen Spielart, die auch Elemente traditioneller Musik einbezieht.

Im Oktober 1946 eröffnet das legendäre „Odin", eines von zwei Kinos des Viertels. Neben den Filmvorführungen finden hier Konzerte und Shows aller Art statt. Und immer dienstags gibt es einen Talentwettbewerb, bei dem auch die junge Josephine Malatsi auftritt, die später als Dolly Rathebe bekannt werden wird. Sie, die die Schule mit 15 Jahren abgebrochen hat, nennt sich zu dieser Zeit noch Kedi Collins, nach der Figur der Kitty Collins, einer Gangsterbraut, gespielt von Ava Gardner im Film „The Killers". In den Clubs der schwarzen Vorstädte von Johannesburg tanzt sie die beliebten amerikanischen Swingtänze, besonders den wilden Lindy Hop, trägt dabei Baskenmütze, kurzen Rock und knöchelhohe Söckchen.

Eines Tages dann castet sie ein Talentscout – für den Film „Jim Comes to Jo'burg". Ihre Rolle macht sie zum ersten schwarzen Filmstar Südafrikas, und in der Folge wird sie als Model zur Fashion-Ikone – und ihr Name zum Synonym für alles Wunderbare. „Das ist Dolly" ist bald der Ausdruck höchsten Entzückens.

Dollys Foto prangt auch auf dem Magazin „Drum", der Stimme der schwarzen Bourgeoisie mit Reportagen und Essays zu Mode und Musik. Als sie der deutsche Fotograf Jürgen Schadeberg beim Covershooting im Bikini auf der Halde einer Goldmine ablichtet, nehmen Polizisten die beiden in Gewahrsam: Sie stehen im Verdacht, eine gesetzlich verbotene sexuelle Beziehung zwischen Schwarz und Weiß zu führen. Die kurze Inhaftierung steigert Dollys Ruhm nur noch.

Trotz zunehmender Restriktionen durch das Apartheid-Regime tourt sie in den 1950er Jahren durch Südafrika. Sie ist mit einem Gangster aus Sophiatown zusammen, heiratet zweimal, wird Mutter, führt eine Shebeen und tritt ab 1990 auch wieder häufiger als Sängerin auf. Einer ihrer Fans ist Nelson Mandela, mit dem sie möglicherweise eine kurze Affäre nach dessen Freilassung verbindet, wie sie ein Jahr vor ihrem Tod in einer Dokumentation andeutet.

Als Dolly Rathebe 2004 bei Pretoria stirbt, ist die rebellische Welt von Sophiatown längst vergangen. Der Stadtteil wird gegen den Widerstand der Bewohner ab 1955 geräumt und abgerissen. Und so bleibt Dolly Rathebes Filmauftritt als Nachtclubsängerin eines der wenigen Zeugnisse der großen Ära der Township. ◊

IM APRIL 1994 wählen erstmals alle Südafrikaner ein Parlament, das Nelson Mandela zum ersten schwarzen Präsidenten des Landes bestimmt. Kurz zuvor zeigt er bei einem Auftritt vor Anhängern seine Siegesgeste: die gereckte Faust

DAS GESICHT DER FREIHEIT

MEHR ALS 27 LANGE JAHRE SITZT DER ANTI-APARTHEID-KÄMPFER NELSON MANDELA HINTER GITTERN. UND WIRD IN DIESER ZEIT ZUM WIRKMÄCHTIGEN IDOL: ALS ER 1990 DAS GEFÄNGNIS VERLÄSST, JUBELT DIE WELT – UND FÜR SEIN LAND BEGINNT EINE NEUE EPOCHE

TEXT: *Jörg-Uwe Albig*

E

Er ist ein Phantom. Seine politischen Ziele kennen lange Zeit nur ein paar Eingeweihte. Kaum jemand weiß, wie er überhaupt aussieht: Das letzte öffentliche Bild stammt von 1964, dem Jahr seiner Einkerkerung – die schmalen Augen, die dünnen Brauen, die hohen Wangenknochen.

Seine Welt ist klein: Von Wand zu Wand sind es kaum mehr als zwei Meter. Die Mauern feucht, die Schlafdecken dünn. Für die Notdurft steht ein Eimer in der Ecke. Eine einzelne Glühbirne brennt die ganze Nacht. Sein Alltag ist eng: 5.30 Uhr Wecken, dann Zelle putzen, Eimer leeren, waschen und rasieren mit kaltem Wasser. Zum Frühstück Mais-Porridge, zum Mittagessen gekochter Mais, zum Abendessen um halb fünf Maisbrei, manchmal mit knorpeligem Fleisch oder zerkochtem Kohl oder Rüben versetzt. Zum Trinken: aufgelöstes Maispulver oder Kaffee-Ersatz aus geröstetem Maismehl. Dazwischen Arbeit, anfangs im Hof, später im nahe gelegenen Steinbruch.

Doch ausgerechnet dieses gefesselte Gespenst wird in den mehr als 27 Jahren seiner Unsichtbarkeit zum Helden im Kampf gegen die Apartheid. Und seine karge Zelle auf der Gefangeneninsel Robben Island, sieben Kilometer vor dem Festland gleich nördlich von Kapstadt, zum Kraftwerk, das eine Revolution antreibt. Denn je weniger er an den Schlachten draußen noch teilnehmen kann, so scheint es, desto entscheidender wird er für deren Ausgang. Je ungreifbarer, je virtueller sein Dasein, desto wirkmächtiger wird sein Mythos. Gerade seine Abwesenheit macht ihn allgegenwärtig – und stülpt leise, aber unaufhaltsam ein ganzes Land um.

Dabei ist Nelson Rolihlahla Mandela, der 1,84-Meter-Mann und Hobbyboxer, eigentlich unübersehbar. Als Spross des Madiba-Clans, der die Könige der Thembu in der südöstlich gelegenen Region Transkei berät, hat er jenen aristokratischen Habitus gelernt, den man nicht mehr ablegt.

Schon sein Vater war ein Mann von Einfluss und Prestige. 1927, nach dessen Tod, rückt der neun Jahre alte Rolihlahla (der erst in der Schule von einer Lehrerin den englischen Namen Nelson erhalten hat) noch näher an den Lichtschein der Autorität: Der Regent der Thembu, Jongintaba, dem Vater verpflichtet, holt den Jungen an seinen Hof. Dort erlebt das Kind „Demokratie in ihrer reinsten Form", wie sich der erwachsene Mandela erinnern wird. Atemlos hört er zu, wenn die Männer der Thembu nach alter Sitte stundenlang über landwirtschaftliche Krisen oder neue Gesetze der Regierung beraten, bis ein Konsens gefunden ist – und ein Sänger ein durchaus satirisches Loblied auf die königlichen Ahnen anstimmt.

Doch Jongintaba schickt ihn auch, ausgestattet mit neuen Stiefeln und später sogar mit einem Anzug, auf eine britisch geprägte Schule und auf ein Missions-College, das in ihm das Bestreben auslöst, ein „schwarzer Engländer" zu werden.

Diese Gleichzeitigkeit von Thembu-Tradition und kolonialem Drill ist es, die den jungen Mann prägt. Der Stolz auf die Beschneidungszeremonie, die er 16-jährig mit an die Brust gepresstem Kinn und dem gequälten Ausruf „Ich bin

19 JAHRE ALT ist Mandela auf diesem Foto von 1937. Heimische Tradition und kolonialer Schliff prägen den Sohn eines Königsberaters gleichermaßen. Nun lernt er auf einem Missions-College, ein »schwarzer Engländer« zu werden

IN JOHANNESBURG steigt Mandela bald in die Führungsriege des African National Congress (ANC) auf. 1952 entfacht der Jurist gegen das Apartheid-Regime eine »Kampagne zur Missachtung der ungerechten Gesetze«, an der auch viele in indischstämmige Südafrikaner teilnehmen (rechts)

ein Mann“ erduldet – und die Beflissenheit, mit der er an der Universität Fort Hare, der einzigen Hochschule für Schwarze in Südafrika, Englisch, Anthropologie, Politikwissenschaft, Recht und „Eingeborenenverwaltung“ studiert.

Die Tradition indes hat für ihn Grenzen: Als sein königlicher Gönner den 22-Jährigen mit einer ungeliebten Frau vermählen will, beschließt Mandela 1941, im Bund mit einem Prinzen zwei Rinder des Regenten zu stehlen und mit dem Verkaufserlös nach Johannesburg zu fliehen. Dort wird er eine Frau nach eigenem Geschmack finden: 1944 heiratet er die Krankenschwester Evelyn Mase (von der er sich 1958 scheiden lässt, um seine zweite Ehe mit der Sozialarbeiterin Winnie Madikizela zu schließen).

In der Metropole lernt Mandela auch den Immobilienmakler Walter Sisulu kennen: Der macht ihn mit einem Rechtsanwalt bekannt, der den ehrgeizigen jungen Mann als eine Art Lehrling einstellt und ihm einen alten Anzug schenkt. Ein Angestellter der Kanzlei führt ihn auch in den „African National Congress“ (ANC) ein, der für bessere Arbeitsbedingungen in den Minen und Bürgerrechte für die Schwarzen Südafrikas kämpft.

Die Farben dieses Widerstands gegen das Kolonialregime sind bunt. Im ANC treffen traditionalistische Chiefs auf linke Arbeitervertreter, suchen die einen das Bündnis auch mit Weißen, Indern und den sogenannten Coloureds – während die anderen die Befreiung von weißer Unterdrückung als exklusiv schwarzes Projekt verstehen: „Africa for Africans!“

WIE VIELE SCHWARZE glaubt Mandela, der hobbymäßig boxt und sich hier mit dem Champion Jerry Moloi misst, bald nicht mehr an eine friedliche Veränderung: 1953 ruft er zum bewaffneten Protest auf

DER REBELL FÜHRT DEN »SPEER DER NATION«

Doch alle sind der Diskriminierung müde – der „tausend Kränkungen", wie Mandela es nennt. Und auch bei ihm erwacht allmählich die „rebellische Haltung, das Verlangen, das System zu bekämpfen, das mein Volk einkerkerte": 1950 wird er Präsident der „Youth League" des ANC. Gemeinsam mit einem Partner eröffnet Mandela 1952 eine eigene Anwaltskanzlei in Johannesburg. Er vertritt vor allem schwarze Frauen und Männer, die mit den Apartheid-Gesetzen in Konflikt geraten – wegen Brauens von Bier nach afrikanischem Rezept, Betretens öffentlicher Gebäude durch eine für Weiße reservierte Tür, eines Spaziergangs ohne Pass. Die Akten verzeichnen in dieser Zeit Hunderttausende derartiger Anklagen im Jahr – und so floriert auch Mandelas Kanzlei.

Südafrikas Rechtssystem steht fest auf der Seite der Weißen – doch immerhin bietet es den Benachteiligten eine Bühne für juristische Virtuosität. Und niemand beherrscht wie Mandela die große Geste, tänzelt so elegant durch die Gerichtssäle, bringt mit solcher Chuzpe weiße Zeugen ins Schwitzen. Und diese Kühnheit, sein Sinn für Taktik und Timing, sein Pragmatismus und sein theatralisches Talent machen Mandela bald auch zum populären Kopf des Widerstands: Schon jetzt erklärt er vor altgedienten Genossen selbstbewusst, der erste schwarze Präsident Südafrikas werden zu wollen.

Besonderen Respekt verschafft ihm und seinen Mitstreitern die „Kampagne zur Missachtung ungerechter Gesetze" („Defiance Campaign"), bei der 1952 rund 8500 Unerschrockene mit Absicht für Weiße reservierte Stadtviertel, Zugabteile, Toiletten oder Behördeneingänge betreten – und vorher die Polizei informieren, um ihre Verhaftung zu provozieren. Gleich am ersten Tag landen über 250 Aktivisten hinter Gittern: „ein verheißungsvoller Anfang", wie Mandela notiert.

Die Zahl der ANC-Mitglieder wächst daraufhin zwar von 20 000 auf rund 100 000 an. Doch da der praktische Erfolg der Aktion ausbleibt und die Apartheid nur noch rigider wird, verlieren viele Schwarze den Glauben an friedliche Veränderung. Und als das Regime Vorbereitungen trifft, die 65 000 mehrheitlich schwarzen Bewohner der Township Sophiatown bei Johannesburg zu vertreiben, um das Viertel abzureißen (an dessen Stelle später ein rein weißer Stadtteil namens

„Triomf" entstehen wird), überdenkt auch der Jurist Mandela sein Verhältnis zur Gewalt. Bei einer Kundgebung im Juni 1953 stimmt er ein martialisches Lied an: „Lasst uns unsere Waffen nehmen und sie angreifen!"

Dieser Vorstoß bringt ihm eine Rüge der ANC-Führung ein. Aber die wachsende Repression scheint ihm recht zu geben: Als Reaktion auf die 1955 verabschiedete „Freiheitscharta", die nicht nur Demokratie und gleiche Rechte für alle Menschen Südafrikas fordert, sondern auch die Verstaatlichung von Banken, Monopolindustrien und Rohstoffen, klagt der Staat im folgenden Jahr Mandela und 155 weitere Aktivisten und Aktivistinnen wegen Landesverrats an.

Zwar wird das Gericht nach über vier Jahren Verhandlung und 36 000 Seiten Protokoll sämtliche Angeklagten freisprechen. Doch unterdessen erklärt die Regierung 1960 den ANC für illegal – woraufhin die Organisation beschließt, ihre Arbeit im Untergrund fortzusetzen und dabei auch vom Prinzip der Gewaltlosigkeit abzurücken. Mandela soll den bewaffneten Kampf anführen. Ohnehin steht er vor dem Nichts: Im Verlauf des Prozesses hat er fast alle seine Mandanten verloren.

So verwandelt er sich jetzt in ein „Wesen der Nacht", wie er es nennt. Er lebt in leeren Wohnungen und wechselnden Verstecken, verkleidet als Chauffeur, Gärtner oder Landarbeiter, Bart und Haare verwildert. 1961 gründet er eine Sabotagetruppe namens „uMkhonto we Sizwe" („Speer der Nation"), die Anschläge etwa auf Kraftwerke und Kasernen, auf Telefon- und Transportverbindungen organisiert. Er tourt durch afrikanische Staaten, um dort Geld für den bewaffneten Kampf einzuwerben, lernt in Ausbildungslagern der äthiopischen Armee den Umgang mit Mörsern, Bomben und Minen.

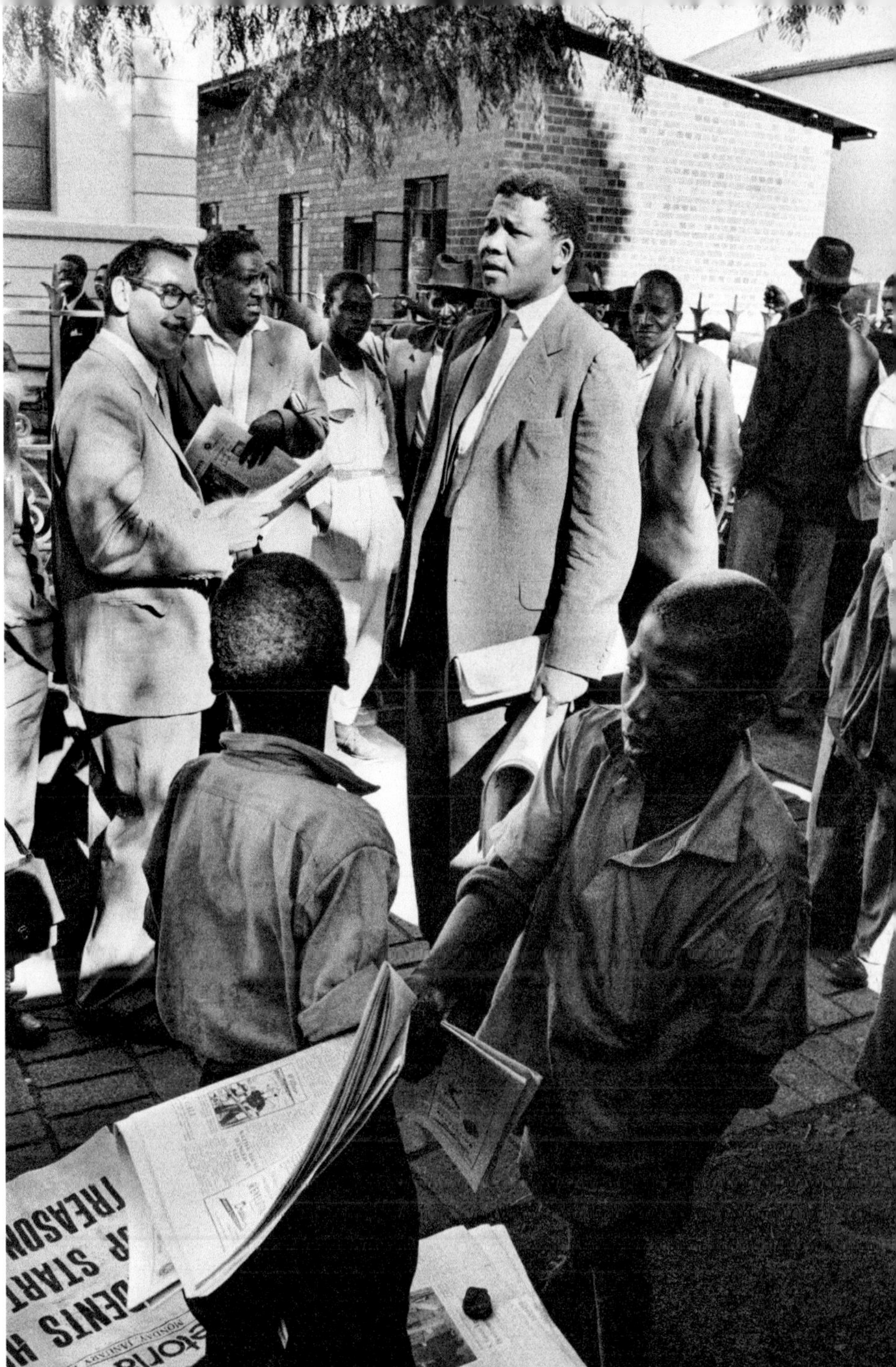

ALS RECHTSANWALT gelingen Mandela vor Gericht glänzende Auftritte. Ab Dezember 1956 ist er, mit 155 weiteren Aktivisten, selbst angeklagt, wegen Landesverrats. Dieses Bild zeigt ihn während einer Verhandlungspause

ANHÄNGER des ANC zeigen sich Ende 1956 vor dem Gerichtsgebäude in Johannesburg solidarisch mit den Freiheitskämpfern um Nelson Mandela. Das jahrelange Verfahren endet mit dem Freispruch für alle Angeklagten

Nach der Rückkehr verhaftet ihn die südafrikanische Polizei auf einer Autofahrt von Durban nach Johannesburg (womöglich auf Hinweis des US-Geheimdienstes CIA, der das Apartheid-Regime als Bollwerk gegen den Kommunismus unterstützt). Im Gerichtssaal erscheint er in traditioneller Tracht der Thembu, die rechte Schulter nackt, über der linken einen Umhang aus Leopardenfell, unterstreicht damit seine royale Herkunft. „Amandla! – Ngawethu!", rufen seine Anhänger: „Die Macht! – Für uns!" Am 7. November 1962 verurteilt ihn das Gericht zu fünf Jahren Gefängnis ohne Bewährung: wegen Verlassens des Landes ohne Pass sowie Aufrufs zum Streik.

Acht Monate später jedoch hebt die Polizei bei einer Razzia im geheimen Hauptquartier des „Speers" nicht nur fast das gesamte Oberkommando der Rebellen aus, sondern findet auch einen Plan zur „Zerschlagung der weißen Oberherrschaft" durch „bewaffneten Widerstand" und mithilfe „militärischer Mittel". Nun klagt der Staatsanwalt Mandela und zehn weitere Beschuldigte wegen Verschwörung, Vorbereitung eines Guerillakriegs, Sabotage sowie deren Finanzierung mit ausländischem Geld an – ihnen droht die Todesstrafe. Mandela bleibt gefasst – und vergegenwärtigt sich eine Shakespeare-Sentenz: „Sei fest bereit zu sterben, denn Tod und Leben, beides wird dadurch süßer."

Immerhin ist er offenbar schon so prominent, dass die Apartheid-Justiz nicht wagt, ihm den Mund zu verbieten: Am 20. April 1964 verteidigt Mandela von der Anklagebank aus in einer vierstündigen Rede den bewaffneten Kampf, den das Regime der Weißen den Schwarzen aufgezwungen habe. Er verdammt das Apartheid-System, bekennt sich zum „Ideal einer demokratischen und freien Gesellschaft" – und zur Bereitschaft, „für dieses Ideal auch zu sterben".

Im Saal herrscht Stille, dann brechen viele Zuschauerinnen und Zuschauer in Tränen aus. Die Rede geht um die Erde. Weltweit demonstrieren Massen für die Rebellen. Der Sicherheitsrat der Vereinten Nationen fordert das Ende des Prozesses und die Freilassung der politischen Gefangenen. Selbst Großbritannien und die USA, die sich im UN-Sicherheitsrat enthalten, drängen Pretoria, die Todesstrafe nicht zu verhängen. Tatsächlich werden Mandela und die anderen Hauptangeklagten schuldig gesprochen, doch das Urteil lautet nur „lebenslänglich".

D

Der Winter 1964, in dem Mandela und sechs weitere Verurteilte in einem Militärflugzeug auf der Gefängnisinsel Robben Island landen, ist so kalt wie kaum einer zuvor. Steife Atlantikwinde fegen über die Insel, peitschen das flache Grasland, die Pinguine und die Robben, die der Insel einst den Namen gaben. Seit Beginn der weißen Herrschaft in Südafrika sind hier Ausgestoßene gelandet. Im 17. Jahrhundert internierten die Niederländer Gegner ihres Kolonialregiments. Die Briten verschleppten Geistes- und Leprakranke auf die Insel, Prostituierte, Trinker und Kriminelle. Und das Apartheid-Regime richtete ein Hochsicherheitsgefängnis ein – eine Art Giftmüll-Deponie für die gefährlichsten Straftäter des Landes.

In dieser rauen Umgebung stellt sich Mandela die Frage, ob es ein Fehler war, den bewaffneten Kampf aufzunehmen. Die Regierung ist nicht etwa gesprächsbereiter, sondern noch unversöhnlicher geworden: Immer willkürlicher verhaftet, prügelt und foltert die Staatsmacht, kerkert Tausende Regimegegner ein. Der schwarze Widerstand in Südafrika ist so gut wie ausgelöscht.

Robben Island ist eine Miniaturausgabe des Apartheid-Staats auf fünf Quadratkilometern – und zugleich dessen groteske Überzeichnung. Die weißen Aufseher lassen sich „Baas" nennen, niederländisch für „Meister", die schwarzen Häftlinge heißen „Kaffern", die indischstämmigen „Kulis". Zur Erniedrigung müssen sie kurze Hosen tragen. Wer die Jacke nicht ordentlich zuknöpft, vor dem Wärter nicht die Mütze zieht oder gar unerlaubt Zeitung liest, wird mit Essensentzug oder Einzelhaft bestraft. Briefe: nur an Anwälte und Behörden, und an Verwandte ersten Grades, 500 Wörter alle sechs Monate. Und wer sich beschwert, muss damit rechnen, dass eine Horde von Aufsehern mit Stöcken und Knüppeln über ihn herfällt.

Mandela will sich mit der Willkür nicht abfinden. Er organisiert Bummel- und Hungerstreiks – und versucht vor allem, die Wärter auf seine Seite zu bringen. Er lernt Afrikaans, das die meisten Aufseher gebrauchen, um sie in ihrer Sprache anreden zu können, spricht zu ihnen in bestimmtem, aber nicht feindseligem Ton. Er instruiert Mithäftlinge, gezielt Vertrauen aufzubauen – sodass selbst ein besonders feindseliger Wärter seine Kontrollwut bezähmt und schließlich sogar Verständnis für die Anliegen des ANC aufbringt.

In diesem Miniaturstaat Robben Island wird Mandela zum Diplomaten. Er besinnt sich auf die wohl bereits am Königshof erlebte Tradition, Interessen abzuwägen – und die, wenn es sein muss, gegeneinander auszuspielen. Er kombiniert Konzilianz mit Starrköpfigkeit, Disziplin mit Gelassenheit und entdeckt dabei auch im finstersten Gegner eine verborgene „Neigung zur Güte".

NACH DEM PROZESS taucht Mandela, hier in traditioneller Tracht, ab. Der Rebell lebt nun verkleidet an wechselnden Orten, organisiert für den inzwischen verbotenen ANC den Kampf im Untergrund

MÄNNER IN EINEM Trainingslager des ANC, 1982. Mandela, der 1964 unter anderem wegen Sabotage zu lebenslänglicher Haft verurteilt wurde, hat der Gewalt zu dieser Zeit längst abgeschworen

ALS GEFANGENER findet Mandela, hier beim Flicken von Häftlingskleidung, zu einer neuen Haltung im Kampf gegen das Apartheid-Regime: »Um mit einem Gegner Frieden zu schließen, muss man mit ihm zusammenarbeiten«

FÜR DIE MITHÄFTLINGE IST MANDELA EIN SEGEN

VERURTEILTE zerkleinern Steine im Hof der Haftanstalt auf Robben Island. Mandela erstreitet für die unter schwerer Arbeit und rassistischer Schikane leidenden Insassen viele Verbesserungen bis hin zur Einrichtung eines Kinos

Und so beginnt Mandela, Häftling Nummer 466/64, hier seine zweite Revolution. Er kämpft einen „neuen, andersartigen Kampf", wie er es nennt – der zugleich ein „Mikrokosmos des Kampfes insgesamt" ist. Er nimmt eine Haltung an, die zunächst nur seinen Einsatz für bessere Haftbedingungen prägt – doch schließlich auch seinen Kampf für das Ende der Apartheid: „Um mit einem Gegner Frieden zu schließen, muss man mit ihm zusammenarbeiten", lautet sein Motto, „und der Gegner wird dein Freund."

Mit dieser sturen Verbindlichkeit erringt er Fortschritt um Fortschritt. Nach und nach bekommen die Gefangenen warmes Wasser zum Duschen, später einen Tennisplatz, schließlich sogar Zeitungen, wenn auch zensiert. Mandela darf im Gefängnishof Tomaten, Zwiebeln und Chili anbauen – und erwirkt sogar die Ablösung eines besonders brutalen Aufsehers und eines schikanösen Anstaltsleiters. „Es schien", wird Mandela nachträglich staunen, „als ob nicht die Behörden, sondern die Insassen das Gefängnis leiteten."

Selbst die brutale Arbeit im Steinbruch, wo die stechende Sonne die Netzhaut verbrennt, gerät ihm so zum Segen: Denn hier sind in der Regel Gespräche erlaubt. Prompt macht Mandela die Tretmühle zur Lehranstalt – zur „Universität der eindrucksvollsten und ungewöhnlichsten Art", wie ein Häftling schwärmen wird. Zwischen gleißendem Kalkstein dozieren Häftlinge mit Fachwissen über die Geschichte des indischen Freiheitskampfes, oder, wie Mandela selbst, über politische Ökonomie. Selbst die Wärter profitieren: Sie lernen von den Insassen Geschichte, Mathematik, Englisch und sogar korrektes Afrikaans. Schließlich, so Mandela, sei es „ANC-Politik, alle Menschen zu erziehen, selbst unsere Feinde".

Vor allem aber kommen hier Gruppen ins Gespräch, die sich draußen im Land bis aufs Messer befehden: Im Gefängnis entdecken politische Gegner ihre gegenseitige Solidarität. Selbst der zähe Streit zwischen dem ANC und dem „Pan Africanist Congress" (PAC), der jede Zusammenarbeit mit Nicht-Schwarzen und auch mit Kommunisten ablehnt, kommt hinter den Mauern zur Ruhe.

„Robben Island", wird der ANC-Funktionär Walter Sisulu später erklären, „einte uns mehr, als irgendetwas anderes uns hätte einigen können."

DER ANC SORGT dafür, dass die Welt seinen weggesperrten Anführer nicht vergisst, sondern als Märtyrer des Widerstands feiert. »Free Mandela« wird zum geflügelten Wort – das dieser Mann 1965 von einer Wand der King's College Chapel in Cambridge zu entfernen versucht

S

So gehen die Jahre ins Land, und aus dem ungestümen Mittvierziger Mandela wird allmählich ein älterer Herr. Die Haare ergrauen, die Prostata schwillt an und muss operiert werden. Seine Moral aber scheint ungebrochen – im Gegenteil: Seine Zeit im Gefängnis, urteilt 1981 ein Gutachten im Auftrag des Justizministers, habe seine psychologische Haltung eher verbessert als verschlechtert.

Zwar ist sein konkreter Einfluss auf die Außenwelt äußerst begrenzt: Nur gelegentlich können Besucher, Anwälte oder entlassene Gefangene in Kleidung oder Gepäck eine Nachricht zu den Mitkämpfern schmuggeln. Zudem ist es ihm hinter Gittern kaum möglich, „die Lage im Land verlässlich einzuschätzen", wie er feststellen wird: „Deshalb hielten wir es weder für fair noch für klug, wenn wir uns in Fragen einmischten, über die wir nichts wussten." Doch sein Mythos als Märtyrer des Widerstands, den seine Genossen im Land nähren, strahlt längst unabhängig von seiner leibhaftigen Präsenz.

Und während selbst die Verbündeten in London und Washington mehr und mehr zum Regime in Pretoria auf Distanz gehen, rückt Mandela allmählich in den Blickpunkt der Welt: 1979 verleiht Indien ihm den Jawaharlal-Nehru-Preis, ein Jahr später fordert der UN-Sicherheitsrat seine Freilassung, bald darauf wird er Ehrenbürger Glasgows. Und der Slogan „Free Mandela", der am 9. März 1980 auf der Titelseite der Johannesburger „Sunday Post" und bald auch weltweit auf Plakaten und Transparenten prangt, wird zum universellen Mantra des Protests.

Damit hat der Kampf gegen die Apartheid ein Gesicht – auch wenn dessen Züge kaum jemand kennt. Mandela selbst hat den Verdacht, „die vielen Millionen Menschen", die ihn unterstützen, hätten gar keine Vorstellung, wer er eigentlich sei: In London etwa, so wird ihm berichtet, hätten viele „Free" zunächst für seinen Vornamen gehalten. Doch das Phantom nimmt Gestalt an, füllt den Raum der kollektiven Fantasie – und setzt Südafrika zunehmend unter Druck.

K

Kein Wunder, dass das Regime versucht, die geradezu magische Kraft zu entschärfen, die Mandela auf Robben Island angesammelt hat. Bereits 1976 hatte ihm Justizminister Jimmy Kruger angeboten, ihn in das „Homeland" Transkei zu entlassen, doch Mandela lehnt aus Protest gegen die Reservatspolitik der Regierung ab. Und als Präsident Pieter Willem Botha ihm die Freiheit schenken will, wenn er dafür den Waffen abschwört, lässt Mandela seine Tochter Zindzi im Stadion von Soweto eine scharfe Absage verlesen: Zuerst einmal solle die Regierung selbst auf Gewalt verzichten und die Apartheid abschaffen.

Nur lückenhaft erfährt Mandela, etwa von Neuankömmlingen aus dem Widerstand, was draußen im Land vorgeht. Dennoch ahnt er: Die Regierung ist in der Defensive. Tatsächlich: Der weiße Anteil an der Bevölkerung sinkt fortlaufend, und der Mangel an Fachkräften zwingt den Staat, Arbeitsbeschränkungen für Schwarze aufzuheben, Gewerkschaften zuzulassen und in schwarze Schulen zu investieren. Schwarze Townships wie die von Soweto, wo 1976 ein großer Aufstand ausbrach, stehen am Rand der Anarchie: Mieten bleiben unbezahlt, Kinder zerstören ihre Schulen, bewaffnete Gangs jagen schwarze Polizisten, Staatsdiener, echte und vermeintliche Spitzel. Und von Nachbarstaaten wie Mosambik und Simbabwe sowie dem ganz von südafrikanischem Territorium umgebenen Lesotho aus liefern sich Anti-Apartheid-Kämpfer in Guerilla-Manier blutige Konflikte mit dem Militär des Regimes.

Derweil schreckt die unsichere Lage Investoren ab und stürzt die Wirtschaft ins Bodenlose. Die Inflation steigt, die Währung kollabiert, auch der Preis für Gold, einst Garant für Südafrikas Wohlstand, fällt – und zugleich wachsen die Kosten der Apartheid, für die Armeen von Beamten und Sicherheitskräften, die ihre Durchsetzung erfordert.

Doch Mandela weiß auch, dass der ANC einen Bürgerkrieg nicht gewinnen könnte. Im Frühjahr 1982 wird Mandela mit drei weiteren Aktivisten von Robben Island in das Gefängnis Pollsmoor südlich vom Zentrum Kapstadts verlegt – ein Versuch der Behörden, wie er glaubt, „den ANC auf der Insel zu enthaupten, indem sie seine Führung entfernten".

IN SCHWARZEN Townships wie Soweto toben 1976 Unruhen, die sich auch auf andere Orte ausweiten (hier eine Straßenszene in Kapstadt). Jahre später willigt die immer stärker unter Druck geratene Regierung Südafrikas in – geheime – Gespräche mit dem Häftling Mandela ein

11. FEBRUAR 1990: An der Seite seiner Frau Winnie verlässt Mandela das Gefängnis. Seine Freilassung hat der neue, reformwillige Staatspräsident Südafrikas, Frederik Willem de Klerk, verfügt – und auch das ANC-Verbot aufgehoben

Dort entschließt er sich zu einem diplomatischen Vorstoß – auch wenn die Zustimmung seiner Genossen zu einer Verhandlungslösung keinesfalls gewiss ist: „Ich beschloss, niemanden darüber zu informieren", wird er später schreiben. „Es gibt Zeiten, in denen ein Führer der Herde vorangehen und sich in eine neue Richtung bewegen muss." Die Briefe, in denen er dem Justizminister Kobie Coetsee ein Treffen vorschlägt, bleiben ohne Antwort. Aber er gewinnt den Oberaufseher aller südafrikanischen Gefängnisse, den er als Kommandant auf Robben Island kennengelernt hat, als Vermittler. Der telefoniert kurz mit Coetsee und wendet sich dann an Mandela: „Der Minister hat gesagt: ‚Bringt ihn her.'" Minuten später chauffiert ein Dienstwagen den Häftling zur Residenz des Politikers. Nach dem Gespräch fühlt Mandela sich „ermutigt", sieht gar „in geisterhaften Umrissen" die „Anfänge eines Kompromisses" vor sich.

In den 47 Gesprächsrunden, die im Mai 1988 mit einem Treffen im Offizierskasino von Pollsmoor Prison beginnen, steht Mandela allein gegen die Vertreter der weißen Herrschaft – und zieht alle diplomatischen Register, die er sich in der harten Schule von Robben Island erworben hat. Sein Ziel sind freie Wahlen für alle Menschen in Südafrika – doch dabei legt er Wert darauf, weiße Ängste vor einer Machtübernahme der schwarzen Mehrheit zu zerstreuen: „Südafrika gehört allen, die in diesem Land leben", betont er.

Das Gewicht seiner Worte wächst durch die Verehrung, die die Welt dem Phantom Mandela inzwischen entgegenbringt. Am 11. Juni 1988 besuchen mehr als 70 000 Menschen im Londoner Wembley-Stadion ein Konzert zu seinem am 18. Juli anstehenden 70. Geburtstag, 600 Millionen in aller Welt schauen an den Fernsehern zu. Um dem Ausland Menschlichkeit zu demonstrieren, verlegt Pretoria ihn ins Victor-Verster-Gefängnis, 50 Kilometer östlich von Kapstadt: Dort bezieht er einen Bungalow mit Pool und eigenem Koch.

Nicht einmal die Umtriebe seiner Frau Winnie können seinen Nimbus verdüstern: Sie hat in seiner Abwesenheit eine Privatarmee namens „Mandela United Football Club" aufgestellt, die angebliche Gegner oder Verräter des ANC entführt, foltert, tötet. Und befürwortet öffentlich die grausame Praxis, Menschen benzingefüllte Autoreifen („Halskrausen") überzustreifen und anzuzünden: Insgesamt rund 400 Opfer kommen in den Jahren von 1984 bis 1987 in Südafrika auf diese Art qualvoll ums Leben. Nelson Mandela will von alledem nichts hören. Er tut die Gerüchte über seine Frau als Versuche ab, die Bewegung zu spalten. Erst 1992 wird er öffentlich die Trennung erklären.

Derweil kommen um die Jahreswende auf 1989 seine Gespräche mit der Gruppe um den Justizminister nicht weiter: Die Regierung verlangt vom ANC nach wie vor die Absage an die Gewalt, das Ende der Zusammenarbeit mit Kommunisten und den Verzicht auf allgemeine Wahlen. Zudem unterstützt sie heimlich die rivalisierende Inkatha-Bewegung des Zulu-Anführers Mangosuthu Buthelezi. Erst als die Regierung wegen anhaltender Unruhen den Ausnahmezustand erklären muss, zahlreiche Firmen das Land verlassen und auch die USA umfassende Sanktionen beschließen, erntet Mandela die Früchte seiner Geduld: Am 5. Juli 1989 empfängt ihn Staatspräsident Pieter Willem Botha, genannt das „Große Krokodil", der langjährige Scharfmacher gegen den schwarzen Widerstand – freilich, aus Furcht vor seinen Wählern, unter der Bedingung absoluter Verschwiegenheit.

Um halb sechs Uhr morgens bindet der Gefängniskommandant Mandela die Krawatte zum nagelneuen Maßanzug. In Bothas Amtssitz in Kapstadt, dem Tuynhuys („Gartenhaus"), richtet der Geheimdienstchef ihm die Schnürsenkel.

»BRINGT IHN HER«, BEFINDET DER JUSTIZMINISTER

NACH HARTEN Verhandlungen beschließen Mandela und de Klerk (Mitte), im Februar 1993 allgemeine Wahlen abzuhalten. Gut ein Jahr später treffen sich die beiden, die mittlerweile den Friedensnobelpreis erhalten haben, als künftige politische Regierungspartner zum Gespräch (oben)

Dann ist er bereit für den historischen Moment. Botha empfängt den Rebellen mit Respekt und Höflichkeit: „Er hatte seine Schritte perfekt geplant, denn wir trafen uns genau auf halbem Wege", wird Mandela sich erinnern. „Er streckte die Hand aus und lächelte breit, und tatsächlich war ich von diesem allerersten Augenblick an völlig entwaffnet."

In der Sache bleibt Botha jedoch hart: Die Freilassung aller politischen Gefangenen, um die Mandela ihn bittet, lehnt er ab. Einen Monat später aber tritt er, nach Auseinandersetzungen mit seinem eigenen Kabinett, zurück. Sein Nachfolger wird der bisherige Erziehungsminister Frederik Willem de Klerk – ein Mann, der bis vor wenigen Monaten, als er bereits die Führung der regierenden Nationalen Partei von Botha übernommen hatte, nicht als Reformer aufgefallen war.

Doch de Klerk ist Pragmatiker: Die Apartheid ist, politisch wie finanziell, zu teuer geworden. Zudem ist das Schreckensgespenst der sowjetischen Bedrohung, das dem Kampf gegen den als kommunistisch verschrienen ANC so lange Zeit Legitimität verliehen hatte, verblasst; im Fall der Berliner Mauer erkennt de Klerk nun angeblich Gottes Fingerzeig.

So atmet sein erstes Treffen mit Mandela im Dezember den kühlen Geist des Geschäfts. Mandela fordert von Neuem ein Ende des ANC-Verbots, de Klerk verlangt Garantien für die weiße Minderheit auch unter schwarzer Herrschaft. Und geht tatsächlich in Vorleistung: Am 2. Februar 1990 verkündet er die Legalisierung der verbotenen politischen Organisationen – und Mandelas Freilassung.

N

Noch bevor der Freiheitskämpfer am 11. Februar um 16.15 Uhr an der Hand von Winnie aus dem Tor des Victor-Verster-Gefängnisses tritt, hört er das Klicken der Kameras „wie eine riesige Herde metallischer Tiere". Er hört die gebrüllten Fragen der Reporter, den Lärm Tausender Anhänger. Und zuckt zusammen, als sich ihm „ein langes, dunkles, pelziges Objekt" nähert, bis Winnie ihn beruhigt: Das sei nur ein Mikrofon. Er taucht in die Menge ein, reckt die rechte Faust in den Jubel. Fernsehsender übertragen den Triumph in die ganze Welt. Nach mehr als 27 Jahren hat das Phantom Mandela wieder sichtbare, greifbare Gestalt angenommen.

In einer Autokolonne zieht er dann in Kapstadt ein. Am alten Rathaus umringen Menschen den Wagen, stoppen ihn, klopfen auf Fenster, Dach und Kofferraum „wie ein schwerer Hagelsturm". Einige rütteln an dem Fahrzeug, andere springen auf die Kühlerhaube. Und Mandela beschleicht die bange Ahnung, „die Menge sei vor lauter Liebe durchaus imstande, uns umzubringen".

Erst nach über einer Stunde kann die Polizei Mandela aus dem Griff seiner Anhänger befreien. In der Dämmerung spricht er dann vom Rathausbalkon aus zur wiedergewonnenen Welt: seine erste öffentliche Rede seit 1964.

„Amandla!", ruft er den fast 100 000 Menschen entgegen: „Die Macht!"

„Ngawethu!", antwortet die Menge: „Für uns!"

„Afrika!", ruft Mandela.

„Mayibuye!", schallt es zurück: „Möge es wiederkehren!"

In den folgenden Wochen und Monaten trägt sein Ruhm ihn durch die Welt. Im Stadion von Soweto feiern ihn 120 000 Menschen, im Londoner

Wembley-Stadion 72 000. Er trifft den Papst, Frankreichs Präsident François Mitterrand, US-Präsident George Bush und die britische Premierministerin Margaret Thatcher. Er besucht etliche afrikanische Länder, zudem Indien, Australien, Japan. Und pocht überall auf die Fortsetzung der Sanktionen gegen seine Heimat: Noch ist Südafrika nicht frei.

Das zeigt sich erneut, als die Polizei am 26. März 1990 in der Township Sebokeng rund ein Dutzend schwarze Demonstranten erschießt und Hunderte verwundet. Zudem liefert sich die Zulu-Bewegung Inkatha, gezielt aufgerüstet durch Teile von Armee und Sicherheitspolizei, immer brutalere Straßenkämpfe mit ANC-Anhängern: Allein im Jahr 1990 sterben bei Gewaltexzessen 3000 Menschen, vor allem bei Johannesburg und in der östlichen Provinz Natal.

Dennoch treffen sich am 20. Dezember 1991 im World Trade Centre nahe dem Johannesburger Flughafen 228 Delegierte von 19 politischen Gruppen zur ersten „Versammlung für ein demokratisches Südafrika", um Pläne für einen geordneten Übergang zu entwerfen. Doch de Klerk besteht weiterhin auf Privilegien für die herrschende Minderheit – etwa ein Vetorecht für Weiße im Parlament. Und als im Juni 1992 Inkatha-Kämpfer weitere Massaker in ANC-Hochburgen anrichten, verlieren viele von Mandelas Anhängern die Geduld: „Mandela, gib uns Waffen", fordern sie auf einem Protestmarsch. Und: „Sieg durch Kampf, nicht durch Gespräche".

Anfang August erhöht Mandela, mittlerweile auch offiziell Vorsitzender des ANC, mit einem Generalstreik noch einmal den Druck. „Sie wissen, dass Sie am Ende einlenken müssen", belehrt er bei einem Treffen im September den Staats- und Regierungschef. „Denn wenn Sie das nicht tun, werden wir Sie demütigen."

Bei „Buschberatungen" in einer Jagdhütte im Naturreservat D'Nyala zeigt de Klerk sich gegen Jahresende endlich bereit, die Inkatha im Zaum zu halten und auf Sonderrechte für Weiße zu verzichten. Im Gegenzug bietet Mandela eine Amnestie für Sicherheitsoffiziere und die Garantie einer Kabinettsbeteiligung für de Klerks Nationale Partei. Im Februar 1993 beschließen sie allgemeine Wahlen und eine fünfjährige gemeinsame Regierung.

Es ist, als wäre Mandela bereits der politische Führer Südafrikas. Als der Mord an dem schwarzen Kommunistenchef Chris Hani Unruhen auslöst, ist es der ANC-Chef und nicht de Klerk, der im Fernsehen sein Volk in gemessenem Ton zur Ruhe aufruft. Am 18. November 1993 kann er eine Übergangsverfassung präsentieren. Und am 10. Dezember nimmt er gemeinsam mit de Klerk in Oslo den Friedensnobelpreis entgegen.

Allen Differenzen zum Trotz sind Präsident und Freiheitskämpfer in einer Art Symbiose gefangen: Jeder garantiert dem anderen, dass sich im eigenen Lager nicht die Gewalt durchsetzt. „Mein schlimmster Albtraum ist, dass ich eines Morgens aufwache und de Klerk ist nicht da", bekennt Mandela. „Ob ich ihn mag oder nicht, ist irrelevant, ich brauche ihn."

An den Wahltagen vom 26. bis zum 29. April 1994 stauen sich endlose Schlangen vor den Urnen. Der ANC gewinnt die Parlamentswahl mit 62,6 Prozent, gefolgt von der Nationalen Partei (20,4) und der Inkatha Freedom Party (10,5). Am 10. Mai wird Nelson Mandela als Präsident vereidigt. Erstmals erklingen, auf Wunsch des neuen Staatschefs, zwei Hymnen: „Gott, segne Afrika", das Lied des schwarzen Widerstands, ebenso wie die bisherige Hymne, das Burenlied „Die Stimme von Südafrika".

Doch bald scheint es, als gehe es Mandela mehr um die Befriedung des Gestern als um den Aufbau des Morgen. Demonstrativ trinkt er Tee mit der Witwe

BEI DEN ERSTEN freien Wahlen im April 1994 gewinnt der ANC die absolute Mehrheit, kurz darauf wird Nelson Mandela als neuer Präsident vereidigt: Südafrika streift damit die Jahrhunderte währende weiße Vorherrschaft ab

des einstigen Premierministers und Apartheid-Chefideologen Henrik Verwoerd. Er trifft sich mit dem Ankläger seines Prozesses von 1963 zum Mittagessen, gibt eine Dinnerparty für den Ex-Geheimdienstchef. Vor allem aber setzt er 1996 die „Wahrheits- und Versöhnungskommission" ein, vor der Opfer der Apartheid ihre Leidensgeschichten zu Protokoll geben können – und Täter Amnestien erlangen können, wenn sie ihre Taten bekennen und erläutern. Rund 7000 Verbrechen werden so untersucht und aufgeklärt.

Symbolisch hat der Befreier die Nation geeint. Aber das Dickicht des politischen Alltags wächst ihm bald über den Kopf. Die Galionsfigur des neuen Südafrika steht vor gewaltigen Problemen. Wie der Mentor seiner Jugendtage, Thembu-König Jongintaba, will Mandela durch persönliche Autorität regieren, durch den Willen zum Konsens. Sein Charisma und sein Verhandlungsgeschick helfen jedoch wenig gegen die Folgen von Jahrzehnten der Unterdrückung und Vernachlässigung der schwarzen Mehrheit. Während weiße Südafrikaner im Durchschnitt einen Lebensstandard auf dem Niveau Spaniens genießen, leben viele Schwarze in bitterer Armut, in Baracken ohne Strom und fließendes Wasser. Und weiterhin fehlen in den Townships Schulen und Krankenhäuser, blüht die Gewalt auf den Straßen, gilt der Staat den Bürgern als Feind.

Auch die Korruption bekommt Mandela nicht in den Griff: Viel zu lange hält der Versöhner, dessen Politik immer auf persönlichen Kontakten beruhte, an bestechlichen Ministern und Beamten fest. Selbst auf seine Frau Winnie, von der er sich 1992 getrennt hat, die aber im neuen Kabinett als stellvertretende Kultur- und Wissenschaftsministerin fungiert, lässt er trotz fortlaufender Finanzskandale und Amtsmissbräuche lange nichts kommen. Erst nach einem knappen Jahr hat er keine andere Wahl mehr, als sie zu entlassen.

Immer mehr wandelt sich Mandela vom Politiker zum „Tata", zum Vater der Nation, zum reinen Idol. Zunehmend zieht er sich aus dem Tagesgeschäft zurück, schwebt distanziert am Himmel der Geschichte. Er lebt frugal und spendet ein Drittel seines Gehalts an ein selbst gegründetes Hilfswerk für Kinder. 1999 legt er sein Amt nieder, sein Nachfolger als Präsident wird Thabo Mbeki, dem er bereits zwei Jahre zuvor die Führung des ANC überlassen hat.

Mandela verabschiedet sich nun auch weitgehend aus der Öffentlichkeit. Nur selten taucht er noch auf, etwa zur Schlussfeier der Fußball-Weltmeisterschaft 2010 in Johannesburg. Am Abend des 5. Dezember 2013 stirbt er friedlich in seinem Haus im Johannesburger Vorort Houghton an den Folgen einer Lungenentzündung. In der Nacht kommen Hunderte vor seiner Tür zu einer spontanen Gedenkfeier zusammen, zünden Kerzen an, schwenken sein Bild und rufen seinen Namen, tanzen, singen und blasen Vuvuzelas.

Begraben aber wird Mandela im Dörfchen Qunu, in der Transkei, der Landschaft seiner Kindheit: Hier hat er sich seinen Alterssitz bauen lassen. Und in einem Teil des Anwesens steht, so hat er es sich gewünscht, ein exakter Nachbau jenes Gebäudes im Victor-Verster-Gefängnis, in dem er ab 1988 inhaftiert war.

Im letzten Stadium jener Isolation, in der er zum Mythos gewachsen ist. ◊

LITERATURTIPPS

NELSON MANDELA
»Der lange Weg zur Freiheit«
Anrührende Autobiografie, teils in Haft verfasst (Fischer).

TOM LODGE
»Mandela – A Critical Life«
Vielschichtiges Porträt mit Hintergrundinformationen zur südafrikanischen Gesellschaft (Oxford University Press).

GEO+ EPOCHE DOSSIER

Lesen Sie auch **»Aufstand unter Tage«** (aus GEO*EPOCHE* Nr. 66) über die Anfänge der Freiheitsbewegung in Südafrika auf *www.geo-epoche.de*

IN KÜRZE

Mit Nelson Mandela verschwindet 1964 die populärste Figur der südafrikanischen Anti-Apartheid-Bewegung für mehr als 27 Jahre im Gefängnis. Dennoch bleibt der Kampf mit seinem Namen verbunden – und endet dank ihm triumphal: Noch in Haft leitet der spätere Präsident Südafrikas mittels Diplomatie das Ende des Unterdrückungssystems und den Aufbruch seines Landes in die Demokratie ein.

Eine Gesellschaft mit
SCHWEREM ERBE

Seit 1994 ist Südafrika eine Demokratie, die allen Bürgerinnen und Bürgern gleiche Rechte garantiert, doch die Probleme des Landes sind gewaltig. Der südafrikanische Historiker Sekibakiba Lekgoathi über den langen Schatten der Apartheid, über verpasste Chancen, drohende Aufstände. Und seinen ganz persönlichen Aufstieg aus dem »Homeland«

INTERVIEW: *Jens-Rainer Berg und Johannes Teschner*

PROF. DR. SEKIBAKIBA LEKGOATHI
Der südafrikanische Historiker lehrt an der Witwatersrand-Universität in Johannesburg. Selbst in einem Homeland aufgewachsen, befasst er sich in seiner Forschung unter anderem mit ethnischer Identität in der Zeit der Apartheid

GEOEPOCHE: *Herr Lekgoathi, Sie sind 1966 geboren und in einem sogenannten Homeland aufgewachsen. Das waren von der Apartheid-Regierung abseits der Städte eingerichtete Reservate für Schwarze. Was sind Ihre ersten Erinnerungen daran?*

PROF. DR. SEKIBAKIBA LEKGOATHI: Mangel. Mangel an Lebensmitteln, Mangel an Kleidung. Ich hatte oft Hunger. Ich lief barfuß, bis ich etwa fünf Jahre alt war, als ich von einem Verwandten ein Paar gebrauchte Schuhe bekam. Als ich mit sieben Jahren in die Schule kommen sollte, hatte ich keine Schuluniform. Ein paar Tage vor der Einschulung nahm mich meine Mutter mit zu einem Geschäft, das einige Kilometer entfernt war und wo sie Dinge auf Kredit kaufen konnte. Da bekam ich eine kurze schwarze Hose, ein weißes Hemd und auch eine khakifarbene Uniform. Aber wieder keine Schuhe, die waren zu teuer.

Wie war die Schule im Homeland?

Der Unterricht fand unter einem großen Baum statt. Die einzige Person, die einen Stuhl hatte, war der Lehrer, wir anderen saßen im Staub. Aber immerhin konnte ich zur Schule gehen, anders als etwa meine Mutter. Ich habe den Unterricht von Anfang an als Möglichkeit verstanden, später nicht wie meine Eltern auf Feldern oder als Tagelöhner arbeiten zu müssen. Als Weg aus der Armut.

Dabei war der Unterricht in den Homelands geprägt von der politischen Agenda des Apartheid-Regimes. Wie hat sich das geäußert?

Die Homelands sollten nicht nur die Schwarzen von den Weißen trennen, sondern auch die Schwarzen untereinander – um zu verhindern, dass sie eine gemeinsame Identität entwickeln und sich gegen die Weißen verbunden. Die Schwarzen wurden also aufgeteilt nach der Sprache und Kultur, der sie angehörten. Deshalb lebten in einem Homeland nur Zulu, im anderen Xhosa und so weiter. Die Gruppen sollten unter sich bleiben und ihr Reservat als ihre Heimat akzeptieren. Teil dieses Konzepts war, dass uns in der Schule erzählt wurde, dass die schwarzen Vorsteher der Homelands unsere Anführer seien. Was sie natürlich nicht waren, sondern Handlanger der weißen Machthaber.

Was lernten Sie über die Weißen?

In Geschichte wurde uns beigebracht, dass die Nachfahren jener Niederländer, die sich einst am Kap ansiedelten, im 18. und 19. Jahrhundert mehr und mehr ins Landesinnere zogen – und gewissermaßen Licht in eine dunkle Region brachten. Es habe dort keine Bewohner gegeben, die Weißen hätten leeres Land urbar gemacht. Das war selbstverständlich eine nachträgliche Rechtfertigung für die tatsächliche Verdrängung und Unterwerfung der Afrikaner.

Bekamen Sie im Homeland eigentlich mal Weiße zu Gesicht?

Von Zeit zu Zeit kamen weiße Bauern mit Lastwagen ins Dorf auf der Suche nach Gelegenheitsarbeitern. Ich hatte Angst vor diesen Männern. Denn es kursierten all diese Geschichten, wie schlecht sie unsere Leute auf den Farmen behandelten. Diejenigen, die dort als Tagelöhner schufteten, erzählten von Schlägen und Beschimpfungen. Mein Eindruck von Weißen war, dass sie keine Menschen waren, mit denen man sich anfreunden konnte.

Wie war es für Sie, als Sie das erste Mal das Homeland verließen?

Das war ein Schock. 1980, als ich ein Jugendlicher war, fuhr ich nach Pretoria. Bis dahin hatte ich noch nie einen Ort gesehen, an dem Weiße in großen Gruppen lebten. Ich sah, dass auf den Zügen stand: „Nur für Weiße", „Nur für Schwarze". Das Gleiche bei den Toiletten. Damals begann ich zu verstehen, was Apartheid bedeutete, ohne das Konzept als solches zu kennen. Aber das änderte sich nach und nach, denn ich las alles, was ich in die Finger bekommen konnte, und entwickelte ein politisches Bewusstsein.

Haben Sie damals angefangen zu denken, dass man das System überwinden sollte und dass es auch eine Chance dazu gibt? Vielleicht, weil es im Laufe der 1980er Jahre mit Nelson Mandela und anderen eine wachsende Bewegung gab, die genau das anstrebte?

Ja, besonders als ich auf eine weiterführende Schule für Schwarze kam. Dort waren manche Schüler, die aus den Townships außerhalb der Homelands kamen, schon stark politisiert, lasen verbotene Schriften. Ich verstand, dass die Homelands in Wirklichkeit Marionettenstrukturen waren, dass viele Schwarze im Untergrund gegen das Apartheid-Regime kämpften. 1987 bekam ich ein Stipendium an der Witwatersrand-Universität in Johannesburg, das war für Schwarze mit sehr guten Noten möglich. Dort bekam ich Diskussionen mit darüber, wie Südafrika nach dem Ende der Apartheid aussehen sollte: Die Hautfarbe bestimmt nicht, wo du wohnst, auf welche Schule du gehst, wie viel du verdienst. Wir werden alle gleichberechtigt sein. Wir werden eine gerechte Gesellschaft haben. Das waren unsere Hoffnungen.

IN ALLER ÖFFENTLICHKEIT arbeitet die »Wahrheits- und Versöhnungskommission« die Verbrechen unter der Apartheid auf. Doch die Aufklärung des Gremiums ist oft oberflächlich – und vernachlässigt die Vorgeschichte des Übels

Haben sie sich erfüllt?

Nur zum Teil. Die Bilanz ist gemischt. Die Apartheid als Staatsdoktrin ist verschwunden, das ist eine große Verbesserung. Ich wohne in einem ehemaligen weißen Vorort. Ich habe eine Professur. Das wäre vor 1994 nicht möglich gewesen. Aber gleichzeitig ist vieles unverändert geblieben. Wir leben mit dem Erbe der Apartheid, es gibt noch immer eine Korrelation zwischen Hautfarbe und wirtschaftlichen Chancen. Die schwarze Mittelschicht ist klein, die Zahl der armen Schwarzen riesig. Die Kluft zwischen Armen und Reichen ist noch größer geworden. Bildung kostet Geld, ist für sehr viele arme Schwarze unerreichbar. Wenn man heute in eine Township geht, könnte man meinen, dass die Apartheid immer noch existiert, weil die meisten Menschen, die in den Townships leben, immer noch schwarz sind.

Was ist nach 1994 schiefgelaufen?

Die Regierung, die 1994 an die Macht kam, hat es versäumt, eine Zukunftsvision für Südafrika zu entwerfen und zu gestalten. Es scheint, dass ihr einziges Ziel darin bestand, den Rassismus zu beseitigen. Man war sehr stolz darauf, die Apartheid beendet zu haben, zu Recht natürlich. Aber bei der Aufarbeitung ist die konkrete Zukunftspolitik zu kurz gekommen. Und außerdem sind dabei große Probleme nicht angegangen worden.

Was meinen Sie genau?

Nun, der Übergang von der Apartheid hin zur Demokratie war eine Kompromisslösung. Eine Verhandlungslösung. Keine Seite konnte allein entscheiden, keine hatte die klare Oberhand. Das hat dazu geführt, dass die ungerechte Verteilung der Ressourcen, das wirtschaftliche Gefälle zwischen Weißen und allen anderen Südafrikanern nicht wirklich ausgeglichen wurde. Man muss es so hart sagen: Für viele Schwarze war die Erlangung der Freiheit nahezu bedeutungslos, weil sie an ihrer wirtschaftlichen Situation nichts verbessert hat. Und man braucht wirtschaftliche Mittel, um politische Freiheit für sich nutzen zu können.

Sie betonen die wirtschaftliche Situation und dass die Gesellschaft diesbezüglich auch nach 1994 ungerecht blieb. Wie bewerten Sie die „Wahrheits- und Versöhnungskommission", in der ab 1996 öffentlich Verbrechen der Apartheid aufgearbeitet wurden? Hat sie etwas Gerechtigkeit gebracht, juristische oder zumindest gefühlte?

Die große Stärke der Kommission war ihre Öffentlichkeit. Die Leute hörten im Radio zu. Sie sahen im Fernsehen zu. Niemand konnte von da an mehr sagen, dass es in der Apartheid keine Verbrechen gegeben hätte, und es war auch nicht mehr glaubwürdig, wenn Leute sagten, sie hätten von all diesen Grausamkeiten nichts gewusst. Viele Opfer, viele Familien von Opfern haben öffentliche Entschuldigungen von den Tätern erhalten. Das hatte schon etwas von Katharsis. Aber gleichzeitig war die Kommission ein Misserfolg, eine verpasste Chance.

Inwiefern?

Die Täter haben nur gerade so viel gesagt, dass sie Amnestie bekommen konnten. Es sind viele Dinge offengeblieben, viele Fragen unbeantwortet. Und viele Menschen, die diesen Prozess durchlaufen haben, weil sie hofften, dass sie die Wahrheit darüber erfahren würden, was mit ihren ermordeten oder verschwundenen Familienmitgliedern geschehen ist, dass die Täter bestraft würden, sind verbittert. Vor allem aber, und das ist meine größte Kritik an der Kommission, war sie historisch gesehen viel zu eng gefasst.

Wie meinen Sie das?

Sie hat sich mit Verbrechen beschäftigt, die unter der Apartheid von 1960 bis in die 1990er Jahre begangen wurden. Was ist mit den Verbrechen davor? Die zeitliche Beschränkung entspricht der weit verbreiteten Vorstellung, dass die Apartheid das große Problem ist, das Südafrika hatte, und dass im Grunde alles in Ordnung war, bevor die Nationale Partei 1948 an die Macht kam. Das ist keine korrekte Darstellung der Geschichte dieses Landes. Schon lange vorher wurde den meisten schwarzen Afrikanern hier ihr Land genommen, wurden sie beschränkt auf einige Territorien und als billige Arbeitskräfte von den Bergbauunternehmen ausgebeutet. Viele bekamen Atemwegserkrankungen in den Minen, starben tausendfach. Warum also wurden zum Beispiel die Bergbauunternehmen nicht juristisch belangt? Nur bestimmte drastische Taten wie Tötungen oder Folterungen in Gefängnissen oder Erschießungen geltend zu machen und strukturelle Verbrechen und die wirtschaftliche Ungerechtigkeit an sich auszuschließen, ist für mich das größte Versagen der Wahrheits- und Versöhnungskommission. Ihre Arbeit hätte deutlich mehr bewirken können, wenn sie einige dieser größeren Zusammenhänge berücksichtigt hätte.

POLITISCH GESEHEN genießt heute ganz Südafrika Freiheit. Die wirtschaftliche Lage allerdings hat sich für viele Menschen in den Townships kaum gebessert. Noch immer bedeutet schwarz sein mit großer Wahrscheinlichkeit arm sein

Fehlt in Südafrika das Bewusstsein dafür, wie tief die historischen Wurzeln der Ungleichheit zwischen Weißen und Nichtweißen reichen?

Ja, leider. Selbst viele meiner Geschichtsstudierenden verstehen die Tiefe dieser Wurzeln nicht wirklich. Das liegt übrigens auch daran, dass Geschichte als wissenschaftliche Disziplin in der südafrikanischen Gesellschaft nicht ernst genommen wird. Es gilt eher die Devise: Lasst uns all das hinter uns lassen, es vergessen. Nach 1994 wurde das Fach Geschichte zwischenzeitlich sogar aus dem Schulunterricht gestrichen. Die Idee, über die Vergangenheit zu sprechen, war irgendwie verpönt. Südafrika sollte nach vorn schauen, modern sein, technologisch orientiert. Aber nur wenn wir uns mit der Vergangenheit auseinandersetzen und die damals begangenen Ungerechtigkeiten verstehen, können wir wirklich eine gerechte Gesellschaft entwickeln.

Warum ist das unter den Führern, die Südafrika seit 1994 hatte, nicht im ausreichenden Maße erfolgt? Warum haben sich viele von ihnen, Nelson Mandela ausgenommen, als korrupt und raffgierig erwiesen?

Wissen Sie, das Apartheid-System war durch und durch korrupt. Das gilt für viele Weiße. Und auch für die schwarzen Verwalter der Homelands, die uns als unsere natürlichen Führer präsentiert wurden. Sie waren Kollaborateure des Systems, die sich ungestraft bereichern konnten, solange sie die politischen Vorgaben der Regierung umsetzten. Und das ist nur ein Beispiel von vielen. Auch die Leute, die im Widerstand kämpften, haben ja nicht nach transparenten, rechtsstaatlichen Methoden gearbeitet. Die waren zum Teil im Untergrund, mussten Geld gezielt einsetzen, um ihre Ziele zu erreichen. Viele Führer des African National Congress (ANC), die nach 1994 an Schaltstellen der Macht gelangten, waren keine Engel.

Haben sie die informellen Vorgehensweisen, die sie im Untergrund erlernt hatten, also einfach fortgesetzt?

Mitunter ja. Insofern hat ein Teil der Korruption, die unser Land bis heute plagt, seine Wurzeln eindeutig im Apartheid-System, direkt wie indirekt. Die Ideale einer gerechteren Gesellschaft, einer fürsorglichen Regierung, die sich um die Armen kümmert, die gab es, aber sie wurden bald aus dem Fenster geworfen, wichen einem Materialismus, der seine Wurzeln ebenso im korrupten Apartheid-System hat. Heute ist das Markenzeichen der politischen Elite, dass sie BMW oder Mercedes-Benz fährt.

Das ist ein ziemlich düsteres Bild, das Sie zeichnen.

Ich wünschte, es wäre heiterer. Aber so wie es unter der Apartheid war, ist es auch heute noch: Eine kleine Gruppe von wirtschaftlich Starken kämpft um ihre Privilegien, um den Löwenanteil der Ressourcen, um die Aufrechterhaltung der Ungerechtigkeit. Die Elite ist anders zusammengesetzt als früher, es sind nicht mehr nur Weiße, aber nach wie vor bereichert sie sich auf Kosten der Massen. Das ist eine unhaltbare Situation, und ich prognostiziere, dass das

DIE KLUFT zwischen ummauerten Villenquartieren und Armenvierteln (unten) ist gewaltig. Die Elite immerhin besteht nun auch aus schwarzen Südafrikanern. Aber diese Schicht ist oft korrupt – auch eine Folge der Apartheid

nicht auf Dauer so weitergehen kann. Wenn sich nichts ändert, wird es in Südafrika früher oder später eine Revolution geben.

Meinen Sie wirklich? Südafrika ist trotz aller Probleme doch ein recht stabiler Staat.

Sehr, sehr viele junge Menschen in diesem Land sind wütend und verzweifelt. Arbeitslosigkeit und Kriminalitätsraten sind enorm hoch. Die Reichen wohnen hinter Mauern, die höher sind als ihre Häuser. Sollte sich nichts ändern, wird der Kipppunkt kommen. Die Armen werden sich erheben, und wir werden eine Art Arabischen Frühling erleben.

Was muss sich ändern, damit es nicht so weit kommt?

Südafrika hat riesige Mengen an natürlichen Ressourcen, hat Mineralien und fruchtbaren Boden. Aber diese Ressourcen kommen dem Großteil der Menschen hier nicht zugute. Und solange man keine politische Kultur entwickelt, die der Mehrheit der Menschen zugutekommt, wird es keine Gerechtigkeit geben. So lange wird Südafrika keinen wirklichen Frieden haben. Wir haben jetzt eine Demokratie, aber wir brauchen auch wirtschaftliche Demokratie, bei der alle ökonomisch teilhaben können. Daran sind zu viele Politiker hier nicht interessiert. Sie kümmern sich kaum um die Menschen in den Townships. Sie wollen nur ihre Stimmen bei Wahlen. Und nutzen dabei mitunter Methoden aus der Zeit der Apartheid.

Das müssen Sie erklären.

Ich hatte ja schon erwähnt, wie das Apartheid-Regime die Schwarzen zu spalten, sie auf ihre Stammes-Identitäten zu reduzieren versuchte. Durch die Homelands, aber auch durch die Medien. So etablierte der Staat in den 1960er Jahren Radiosender in den Sprachen der einzelnen Ethnien. Diese Sender waren sehr populär, und sie halfen dem Apartheid-Staat, seine Propaganda zu verbreiten. Und heute sieht man, dass viele südafrikanische Politiker wieder auf ethnischer Basis mobilisieren. Das zeigt Wirkung. Immer mehr Menschen, vor allem arme Leute, identifizieren sich offensiv etwa als „Zulu" oder „Xhosa", tragen T-Shirts mit Aufschriften wie „Ich bin 100 % Zulu", heften Aufkleber dieser Art an ihre Autos.

Was ist daran problematisch? Man könnte ja auch sagen: Diese Identitäten sind viel älter als der Staat Südafrika, wurden zwar vom Apartheid-Regime instrumentalisiert, aber nicht von ihm geschaffen.

Das stimmt, sie sind ein wichtiger Teil unserer Kultur. Das Problem ist, dass sie politisch instrumentalisiert werden. Das trennt die Menschen, speist eine Art ethnischen Nationalismus. Wir sollten vielmehr für ein gemeinsames Südafrika kämpfen, das wir gemeinsam gestalten. Ich bin trotz aller Probleme, die dieses Land hat, südafrikanischer Patriot, ich sehe mich in erster Linie als Südafrikaner, nicht als Angehöriger der Ndebele. Ich will, dass dieses Land besser funktioniert, dass der Staat mehr leistet für die gesamte Bevölkerung. Aber indem manche Führer einzelne Ethnien betonen und gegeneinander ausspielen, destabilisieren sie die Gemeinschaft. Sie nähren damit auch den Rassismus, den wir eben nicht 1994 überwunden haben. Er steckt in den Köpfen.

° Der Rassismus steckt weiterhin in den Köpfen °

Auch da wirkt die Apartheid noch nach?

Ja, das Ende der Apartheid beendete nicht die Vorurteile und den Rassismus. Der Rassismus ist immer noch ein wichtiger Faktor in Südafrika. Er bestimmt nach wie vor in großen Teilen, wie die Menschen einen ansehen, wie sie über das urteilen, was man sagt oder was man tut. Wissen Sie, wenn man wie ich unter der Apartheid sozialisiert wurde, ist es schwer, all die Vorurteile abzulegen. Das bleibt ein Teil von einem, und wenn es nur unterbewusst ist. Es wäre naiv, das zu leugnen, und auch ich kann mich davon nicht freimachen. Mir fällt es noch immer schwer, wirkliche Freundschaften mit Weißen aufzubauen.

Sie haben gesagt, Sie seien südafrikanischer Patriot. Aber haben Sie angesichts all der Probleme überhaupt noch Hoffnung, dass Ihr Land zu der vom Friedensnobelpreisträger Desmond Tutu ausgerufenen „Rainbow Nation" werden kann? Zu einer modernen, vielfältigen, fairen Nation?

Ja, die habe ich. Es kann gelingen, wenn die Politik sich ändert und der Gemeinschaft dient, allen dient. Meine Generation und die noch Älteren, die wir unter der Apartheid aufgewachsen sind, wir werden bald nicht mehr da sein. Neue Generationen werden kommen. Ich hoffe, dass sie gemeinschaftlicher aufwachsen werden, dass schwarze und weiße Kinder, die gemeinsam zur Schule gehen, ohne diese Vorurteile groß werden, die uns eingeimpft wurden. Wenn das gelingt, könnte Südafrika endlich ein funktionierendes Land werden, das für all seine Bürger da ist. ◊

GEO
Die Welt mit anderen Augen sehen
FORSCHUNG MIT ANDEREN AUGEN SEHEN
Uns und unsere Welt immer wieder neu entdecken, Zusammenhänge verstehen, Perspektiven wechseln und neugierig bleiben. Das ist GEO.
Die Geschichte der größten Arktisexpedition aller Zeiten gibt's auf geo.de/entdecken.
GEO
Wie Wälder unsterblich werden
Auf Spurensuche in Europas letzter Wildnis
55 FRAGEN UM DIE WELT
DDR-AUFSTAND
FLORIDA
INTERVIEW
Foto: Lianna Nixon

MENSCHEN DAHINTER

BILDREDAKTION

Camilla Ackermann

Die Bildredakteurin liebt es, die Leserschaft mithilfe von berührender und aufschlussreicher Optik auf eine Reise durch die Vergangenheit mitzunehmen. Südafrika empfand sie dabei als eines der spannendsten Themen, in das sie sich bisher vertiefen durfte. Geschichten wie die über das frühe Königreich Mapungubwe (S. 24), die Ankunft der Niederländer am Kap (S. 42) und vor allem die dunklen Zeiten der Apartheid (S. 120) haben sie herausgefordert und bewegt.

BILDREDAKTION

Christian Gargerle

Ende der 1960er Jahre warb die südafrikanische Regierung in Europa um beruflich hochqualifizierte Einwanderer. Die Eltern von Bildredakteur Christian Gargerle folgten dem Ruf, und so kam Gargerle im Alter von zehn Jahren nach Johannesburg. Bei der Arbeit an diesem Heft wurde ihm immer wieder unangenehm bewusst, dass er und seine Familie während ihrer fünf Jahre in Südafrika trotz gelegentlicher Schuldgefühle die offensichtlich ungerechten Verhältnisse derart ausblendeten, dass ihnen ein recht unbeschwertes Leben möglich war.

KARTOGRAFIE

Stefanie Peters

Seit 23 Jahren veranschaulicht die Redakteurin für GEO*EPOCHE* historische Themen in Karten. Oftmals eine komplexe Aufgabe mit schwieriger Quellenlage, daher arbeitet Peters eng mit dem Verifikationsteam und den externen Fachberater*innen zusammen. Afrikanistik und Ethnologie waren ihre Nebenfächer im Studium – und so schließt sich für Peters inhaltlich ein Kreis bei einer der letzten GEO*EPOCHE*-Ausgaben, an denen sie mitarbeitet.

GESCHICHTE AUS DEM QUALITY BOARD

Nelson Mandela ziert nicht nur das Cover dieses Heftes, wir haben ihm auch eine große Geschichte gewidmet (siehe Seite 136). Nicht zu sprechen kommen wir darin auf den sogenannten „Mandela-Effekt". Damit wird ein Phänomen kollektiver Fehlerinnerungen bezeichnet, bei dem sich viele Menschen unabhängig voneinander auf gleiche Weise falsch an etwas erinnern. Doch was hat Nelson Mandela damit zu tun? Geprägt hat den Begriff 2009 eine US-amerikanische Autorin, die eines Tages verwundert feststellte, dass Mandela zu dieser Zeit noch am Leben war – war sie doch davon überzeugt, er sei bereits Jahre zuvor im Gefängnis verstorben. Angeblich stellte sie daraufhin fest, dass auch viele andere der gleichen Täuschung erlegen waren, und schrieb über diese Merkwürdigkeit – der Begriff „Mandela-Effekt" war geboren. Der aber entwickelte in der Folge einen ganz eigenen Effekt: Denn obwohl es aufgrund der weltweiten Aufmerksamkeit, die Mandelas Freilassung und seine Präsidentschaft erhalten haben, als unplausibel gelten muss, dass die Täuschung über sein Ableben ein international weit verbreitetes Phänomen gewesen sei, ist genau das in den Medien immer wieder zu lesen – geschuldet offenbar allein der Wirkmacht des Begriffs.

Alle Texte in GEO*EPOCHE* werden vom GEO-eigenen Quality Board einem Faktencheck unterzogen

GEO*EPOCHE* KOLLEKTION

DIE GESCHICHTE CHINAS

Kaiserzeit und Kommunismus: GEO*EPOCHE* KOLLEKTION widmet sich der jahrtausendelangen Historie der ostasiatischen Großmacht

Der erste Kaiser Chinas gründet im Jahr 221 v. Chr. ein Reich, das dem Rest der Welt technisch und kulturell lange weit voraus sein wird. Prachtvolle Kunstschätze bringt dieses Imperium hervor, einzigartige Bauwerke wie die Verbotene Stadt oder die Große Mauer. Es ist ein Staat der Superlative, der mehr als zwei Jahrtausende existiert, Invasionen, Naturkatastrophen und blutige Machtkämpfe überdauert. Bis er unter der Herrschaft der Kaiserinwitwe Cixi von Krise zu Krise taumelt – und schließlich 1912 untergeht. In den Wirren der folgenden Jahrzehnte schwingt sich dann ein Kommunistenführer zum diktatorischen Machthaber auf: Mao Zedong, der mit Terror regiert und brachial das Land zu modernisieren versucht. Millionen von Menschen kommen unter seinem Regime ums Leben, durch Hunger und Gewalt. Doch nach Maos Tod lassen Wirtschaftsreformen China neu erstarken. Und der rasante Wiederaufstieg der Großmacht beginnt.

GEO*EPOCHE* KOLLEKTION »China« hat 176 Seiten und kostet 13,50 Euro.

GEO PLUS

DIGITAL TESTEN

Das Beste aus der Welt von GEO digital lesen: Auf GEOplus finden Sie packende Reportagen, lehrreiche Interviews, tierschürfende Podcasts. Jetzt kostenlos testen unter geo.de/wochenpass (Code: Wochenpass2023).

GEO-PODCAST

KETTENREAKTION

In jeder Podcast-Folge zeigt Dirk Steffens erstaunliche naturwissenschaftliche Zusammenhänge auf. Zu hören bei RTL+ Musik und überall, wo es Podcasts gibt.

GEOkompakt

DIE WELT DER VÖGEL

Das Glück, Vögel zu beobachten, zählt für viele zu den erfüllendsten Erfahrungen, die man in der Natur machen kann. Die neue Ausgabe von GEOkompakt lädt dazu ein, neugierig in den Himmel zu blicken und über all jene erstaunlichen Tricks und Fähigkeiten zu staunen, mit denen Meisen, Finken und Kolibris, Sittiche, Eulen und Stare die Lüfte erobert haben.

GEO KOMPAKT »Das geheime Leben der Vögel«, 148 Seiten, 11 Euro. Einige Themen: Evolution: Das Erbe der Dinos • Federn: Geniale Konstruktionen • Intelligenz: Von geistigen Überfliegern • Zugvögel: Flugreisen als biologische Meisterleistung

DER BALKAN

DIE GESCHICHTE SÜDOSTEUROPAS

Früh erblühen Hochkulturen auf der Halbinsel am Mittelmeer, die ihren Namen dem Balkangebirge verdankt. Im Lauf der Jahrtausende schaffen die Menschen dort spektakuläre Kunstschätze, sie werden unterworfen von fremden Eroberern, erkämpfen sich die Freiheit und entzweien sich in blutigen Kriegen: GEO*EPOCHE* über die dramatische Geschichte einer vielfältigen Region – von der Antike bis heute

PRACHT: DAS GOLD DER THRAKER

SERBIEN: AUFSTAND EINER NATION